1988

Diese Vorstellung vom Himmel ist naiv, mal abgesehen davon, dass Ingrid Steeger überhaupt noch nicht hier ist.

3.10.1988: Der CSU-Vorsitzende und Bayerische Ministerpräsident Franz Josef Strauß stirbt im Krankenhaus der Barmherzigen Brüder in Regensburg an einem Herz-Kreislauf-Versagen, nachdem er zwei Tage zuvor bei einem Jagdausflug mit Johannes von Thurn und Taxis zusammengebrochen war.

3. Oktober 1988
Im Himmel

Vielleicht hätte ich mir mit meiner Abreise doch etwas mehr Zeit nehmen sollen. So wie es aussieht, kann sich ja keiner von denen da drunten ein Bayern ohne mich auch nur ansatzweise vorstellen.
Die schwirren rum wie ein aufgeschrecktes Bienenvolk, dem die Königin abhandengekommen ist. Der Gauweiler ist so von der Rolle, dass er mit einem Riesenaufwand ein Krankenhausbett von München nach Regensburg hat fliegen lassen, als wäre die Oberpfalz die Dritte Welt.
Und hat sich auch nur einer von denen gefragt, wie es jetzt vielleicht MIR gehen könnte hier oben? Soo himmlisch ist das hier nämlich nun auch wieder nicht! Das ist beileibe nicht die überdimensionale Asamkirche mit dem weiß-blau gewandeten Gustl-Bayrhammer-Pförtner, die sie sich in ihrer einschichtigen Ministrantenfrömmigkeit vorstellen. Hier herrscht eine streng durchorganisierte Hierarchie von Engeln und Erzengeln mit einem Dreiergespann an der Spitze, das MIR erst einmal eine Blitzreinigung im Fegefeuer verordnet hat.* Werde mir die Sache hier erst mal anschauen und ganz klein anfangen, so wie ich es 1945 in der CSU gemacht habe. Der Weg nach oben

* ICH habe zwar protestiert, musste mich dann aber doch beugen. Der Klügere gibt nach.

Das bin ICH nach der Schnellreinigung im Fegefeuer – mehr hat es nicht gebraucht, hat die OHL (die Oberste Himmelsleitung) mir schriftlich mitgeteilt.

ist lang und steinig, auch wenn man wie ich jetzt schon ganz oben ist.

Ich werde anfangen, ein Tagebuch zu schreiben, in dem ich nicht nur meine Erlebnisse hier oben festhalte – soweit sie mir aufzeichnenswert erscheinen –, sondern denen da drunten minutiös auf die Finger schaue – ich befürchte fast, die kann man keine Minute allein lassen.

7.10.1988: Nach einem von Friedrich Kardinal Wetter zelebrierten Pontifikalrequiem in der Münchner Frauenkirche und einem Staatsakt in der Münchner Residenz wird der mit einer weiß-blauen Fahne bedeckte Sarg von Franz Josef Strauß auf einer sechsspännigen Lafette von der Residenz über den Odeonsplatz zum Siegestor gefahren. Über 100 000 Trauergäste und Bürger verfolgen den Trauerzug, den größten in der Geschichte der Stadt München.

7. Oktober 1988
Staatsbegräbnis für MICH

Da schau her – jetzt bringen die in München ja doch noch ein passables Begräbnis hin für mich. Das hätt ich denen gar nicht zugetraut. Öffentliche Aufbahrung im Prinz-Carl-Palais, Pontifikal-Requiem im Liebfrauendom, ein Spalier Tausender Trauernder die ganze Ludwigstraße entlang – das hat schon was. Das kann sich sehen lassen. In Nordkorea müssen s' so was aufwendig inszenieren und aus dem ganzen Land Heerscharen von weinenden Leuten zusammenkarren, in Bayern klappt das ganz von allein.

So wie ich auf einer von sechs Rössern gezogenen Lafette durch das Siegestor verschwunden bin, das war ein posthumer Triumphzug, mein Lieber! Erst wollten sie mich ja tragen, aber da sind sie gescheitert: Für vier Träger war ich zu schwer und für sechs zu kurz. Gegen meinen Trauerzug war der für König Ludwig II. geradezu eine Arme-Leute-Beerdigung.

Ist aber nicht weiter verwunderlich: Damals hat das Land um seinen Monarchen getrauert, aber jetzt steht ganz Bayern unter Schock, weil ICH nicht mehr da bin. Wenn s' MIR diese Aufmerksamkeit zu Lebzeiten entge-

gengebracht hätten, wär ICH vielleicht noch länger geblieben.
Muss unbedingt Kontakt mit dem Tandler aufnehmen, der ist Kronprinz und wird mit Sicherheit mein Nachfolger. Da drunten bei ihm in Altötting kann's ja nicht schwer sein, ihm Botschaften aus dem Jenseits zukommen zu lassen.
Weil, dieses Begräbnis kann ja nicht alles gewesen sein. Mein Andenken muss schon ein bisserl dauerhafter in Bayern verankert werden. Am besten, sie machen sich schon mal Gedanken darüber, was sie alles nach mir benennen. Das mindeste, was ich erwarte, ist, dass sie München in Franz-Josef-Strauß-Stadt umbenennen, mit Straßennamen nach New Yorker Vorbild: Erste Franz-Josef-Strauß-Straße, Zweite Franz-Josef-Strauß-Straße und so weiter. Und bis sie die neuen Straßenschilder hergestellt haben, können 's schon mal den neuen Flughafen nach mir benennen, den haben sie schließlich mir zu verdanken. Einen »Airport Franz Josef Strauß«, und zu dem hinaus fährt selbstverständlich kein normaler Personenzug, sondern die F.J.S-Bahn!

Am 19. Oktober 1988 wählt der Bayerische Landtag mit 124 von 193 Stimmen Max Streibl zum Nachfolger von Franz Josef Strauß.

19. Oktober 1988
Meine Nachfolger

Das ist ja noch schlimmer, als ich befürchtet habe: Kaum ist die Katze aus dem Haus, tanzen die Mäuse drunten Schuhplattler! Machen die doch glatt diesen Max Streibl zu meinem Nachfolger, und der besitzt auch noch die Frechheit zu behaupten, ICH sei eigentlich nie ein Stratege gewesen. Ja, was erlaubt sich dieser dritte Engel von links aus Oberammergau? Ist denn keiner da, der diesem hinterfotzigen Herrgottsschnitzer die Stirn bietet? Wo bleibt denn der Tandler? Ja sag mal, Gerold, wozu bau ich dich denn seit Jahren mit viel Mühe zu meinem Kronprinzen auf? Damit du dann im entscheidenden Moment vor diesem lausigen Laiendarsteller den Schwanz einziehst? Wenn du dir wenigstens den Parteivorsitz gesichert hättest, aber den schnappt sich allem Anschein nach der Waigel. Als Schwabe weiß der, wo man am Ämterwühltisch zugreifen muss.
Ich hätte die da drunten nie allein lassen dürfen!

1989

Blätter vergehen, andere bestehen. Dahinter steckt immer ein kluger Kopf und oft auch ein kurzer Hals.

14.4.1989 Der SPD-Vorstand beschließt aus Kostengründen die endgültige Einstellung des Parteiblatts »Vorwärts« als Wochenzeitung. Die Zeitung fusioniert mit dem »Sozialdemokratischen Magazin« zu einer Mitgliederzeitung.

14. April 1989
Mit dem »Vorwärts« geht's rückwärts

Eigentlich war die Einstellung des »Vorwärts«* ja längst überfällig: Wer will denn ein Blatt lesen, das »Vorwärts« heißt und nach rückwärts denkt? Und für das wenige, was die Sozis zu sagen haben, steht ihnen ja eine willfährige linke Kampfpresse in Form von »Spiegel«, »Stern« und WDR jederzeit unentgeltlich zur Verfügung.

* Angeblich wollen sie ihn jetzt zur Mitgliederzeitung umgestalten, verschmolzen mit dem »Sozialdemokratischen Magazin«, kurz »SM« – gibt es einen besseren Beweis für meine alte These, dass einer, der Sozialdemokrat wird, über eine schon an Sado-Masochismus grenzende Leidensfähigkeit verfügen muss?

30.5.1989: Nachdem am 11.5. der bayerische Umweltminister Alfred Dick verkündet hatte, die Wiederaufbereitungsanlage Wackersdorf (WAA) sei den Menschen in der Oberpfalz nicht mehr zuzumuten, werden am 30.5. die Arbeiten dort eingestellt, nachdem bereits 2,6 Milliarden Mark investiert worden waren.

30. Mai 1989
Was macht ihr mit meinem Wackersdorf?

Ja, sind denn diese Wichte, die sich als meine Nachfolger bezeichnen, jetzt vom wilden Affen gebissen oder was? Da bin ich noch nicht einmal ein halbes Jahr unter der Erde, und die vergreifen sich auf unverschämteste Weise an einem Herzstück meiner Hinterlassenschaft. Was hat da dieser Alfred Dick, dieser fahnenflüchtige Umweltsoldat, neulich verkünden lassen?

»Die WAA wird nicht gebaut werden, es ist den Menschen in der Oberpfalz nicht mehr zuzumuten.«

Ja, hat dem das Tschernobyl-Molkepulver, das er 1987 gefressen hat, jetzt den letzten Rest Hirn verstrahlt oder was? Was kann man denn den Menschen in der Oberpfalz nicht mehr zumuten? Die hab ich doch extra deswegen ausgesucht, weil man ihnen alles zumuten kann. In einer Gegend, wo sich Fuchs und Hase gute Nacht sagen, regt sich doch niemand über ein bisserl Plutonium auf.

Und wenn man schon vom Zumuten redet: Mir hat man es ja schließlich auch zugemutet, dass ich jahrzehntelang dieser albernen Kernenergie die Stange halten musste. In der Zeit hätt ich mich weiß Gott für lukrativere Dinge einsetzen können.

Und was ist mit den von mir nach Wackersdorf geschickten Polizisten? War denen dieser Einsatz zuzumuten? Aber sie haben nicht danach gefragt, sie haben ihre Pflicht

getan, selbst wenn sie sich beim Wegknüppeln dieser apokalyptischen Narren am Bauzaun die Schultern ausgerenkt haben.
Haben wir vielleicht das teure CS-Gas aus dem Hubschrauber auf diese ungewaschenen linken Chaoten geschmissen, damit jetzt ein kleinmütiger Hasenfuß wie dieser Dick den Schwanz einzieht und kampflos das Feld räumt? Wenn schon die Zeitungen von einem Bürgerkrieg schreiben, soll das wenigstens einer sein, den wir gewonnen haben.
Da bin ich mal gespannt, was die jetzt da hinstellen, in den Taxöldener Forst, den wir extra für diese WAA haben abholzen lassen. Am Ende wird's sogar noch die von mir scherzhaft geforderte Fahrradspeichenfabrik oder eine Begegnungsstätte für politische Umfaller. Dann sagen sich in der Oberpfalz nicht mehr Fuchs und Hase gute Nacht, sondern Dick und Doof … äh … Streibl.

28.8.1989: Die Postverwaltung des südamerikanischen Staats Paraguay gibt eine Strauß-Briefmarke heraus, um zum 40-jährigen Bestehen der Bundesrepublik den »Presidente de Ministros de Baviera« zu ehren. Warum auf der Marke auch ein Oldtimer vom Typ BMW 502 abgebildet ist, hat die Postverwaltung nicht erläutert.

28. August 1989
Wenigstens Paraguay weiß, was sich gehört …

Es gibt halt doch noch Leute, auf die man sich verlassen kann: Der Staat Paraguay bringt eine Sonderbriefmarke für MICH heraus. Bestimmt wollte mir mein alter Freund Alfredo Stroessner, kurz bevor sie ihn im Januar aus dem Amt gejagt haben, noch einen posthumen Ehrengruß zukommen lassen, auch wenn er sich bei meiner Staatskarosse ein bisserl in der Epoche geirrt hat – vielleicht hätte ich dem guten Alfredo doch nicht alle Folgen von »Isar 12« auf Video schicken sollen …

10./11.9.1989: Ungarn lässt ohne vorherige Absprache mit der DDR-Regierung alle dort anwesenden DDR-Ausreisewilligen in den Westen ziehen. Bis Ende September kommen circa 30 000 Übersiedler auf diesem Weg in die Bundesrepublik, viele von ihnen in extra eingerichtete Übergangslager in Bayern. Diese Grenzöffnung trägt wesentlich zur »Wende« in der DDR bei.

11. September 1989
Invasion der Plastemobile

Da schaun s' jetzt, unsere Politiker: Ungarn öffnet den Eisernen Vorhang, und schon setzt sich eine Trabbi-Lawine in Bewegung – nach dem Motto: Gestern noch beim Zelteln in Ungarn, morgen schon im Zeltlager für DDR-Flüchtlinge in Bayern.
So hab ich mir die Wiedervereinigung nicht vorgestellt, dass die alle zu uns rüberkommen. So war das mit dem Schalck-Golodkowski auch nicht ausgemacht, damals, als wir die ganze Sache in die Wege geleitet haben. Die täten sich sicher auch bedanken, wenn wir plötzlich alle bei denen einfallen würden. Obwohl … vielleicht wäre das ja eine Lösung – vielleicht sollten alle, denen es in einem CSU-Bayern nicht gefällt, auch mal nach Ungarn oder die Tschechoslowakei zum Zelteln fahren und dann so lange eine Botschaft besetzen, bis die DDR sie reinlässt.

30.9.1989: Außenminister Hans-Dietrich Genscher verkündet am Abend auf dem Balkon der bundesdeutschen Botschaft in Prag, dass alle DDR-Flüchtlinge, die sich in den deutschen Botschaften in Prag und Warschau befinden, in die Bundesrepublik ausreisen dürfen.

30. September 1989
Vertane Chance in Prag

Das war vielleicht ein Bild: der Genscher auf dem Balkon der Deutschen Botschaft in Prag. Da steht dieser Hallenser Scheckbuch-Diplomat einmal im Fokus der Geschichte und bringt nicht mal einen einzigen Satz zu Ende: »Wir sind zu Ihnen gekommen, um Ihnen mitzuteilen, dass heute Ihre Ausreise …« – »Hurraaaaaaaaaaa!!!!!« ICH weiß genau, was er sagen wollte: »Wir sind zu Ihnen gekommen, um Ihnen mitzuteilen, dass heute Ihre Ausreise nur aufgrund des unermüdlichen Einsatzes eines einzigen Mannes möglich wurde. Danken Sie mit mir FRANZ JOSEF STRAUSS!«

7.10.1989: Der 40. Jahrestag der DDR-Gründung wird mit Militärparaden und Aufmärschen gefeiert.

6. *Oktober* 1989
40. *Noch einmal feiern* …

Morgen wollen sie in der DDR den 40. Jahrestag feiern, mit Militärparaden und Aufmärschen. Du meine Güte! Vierzig Jahre! Vierzig Jahre sind doch ein Wimpernschlag für einen Staat, in dem es nur eine Partei und praktisch keine Opposition gibt. So ein Staat kann doch locker 1000 Jahre alt werden, da braucht man sich doch nur einmal Bayern anzuschauen. Wenn sie mal *so* ein Alter erreicht, dann hätte sie einen echten Grund zum Feiern, die DDR. (Aber so, wie's momentan aussieht, kann sie froh sein, wenn sie noch 41 wird.)

7.10.1989: Anlässlich seines Besuchs zum 40. Jahrestag der DDR-Gründung soll der sowjetische Staats- und Parteichef Michail Gorbatschow den berühmt gewordenen Satz gesagt haben: »Wer zu spät kommt, den bestraft das Leben.« Erst später kommt raus, dass diese Formulierung von seinem Pressesprecher nachgeschoben wurde.

7. *Oktober* 1989
»*Wer zu spät kommt* …«

Was soll der Gorbatschow da gestern bei dieser ominösen 40-Jahr-Feier zum Honecker gesagt haben? »Wer zu spät kommt, den bestraft das Leben.« Das glaube ich ja nie und nimmer. Da haben ihm die Journalisten was untergeschoben. So wie ich den Gorbatschow kennengelernt habe, hat der höchstens irgendwas dahergeschwurbelt wie »Gefahren warten nur auf jene, die nicht auf das Leben reagieren« ... so was schon eher.* Der Honecker, der hat schon eher solche Glückskekssprüche vom Stapel gelassen. Ich hab's ja bei meinem Besuch 1983 erlebt. »Den Sozialismus in seinem Lauf hält weder Ochs noch Esel auf«.** Na ja, schaun wir mal.

20.10.1989: Die britische Nobelmarke Jaguar wird vom amerikanischen Autokonzern Ford übernommen.

20. Oktober 1989
Wildkatze vom Wühltisch

Ford kauft Jaguar! Ein amerikanischer Hersteller von Massenfahrzeugen grabscht sich am Autofirmen-Wühltisch einfach eine britische Nobelmarke – zum Schnäppchenpreis.

So was wäre in Bayern undenkbar. Das wäre ja so, als würde jemand die Staatsmolkerei Weihenstephan an Müllermilch oder so renommierte bayerische Kredithäuser wie die Hypo oder die Vereinsbank an irgendeine italienische Grattlerbank verscherbeln. Unvorstellbar!

* Damit möchte ich natürlich nicht behaupten, dass der Satz »Wer zu spät kommt, den bestraft das Leben« auf die DDR nicht zutrifft. Wer Wahlen erst bei der Stimmauszählung manipuliert, der ist definitiv zu spät. Eigentlich kann man sagen: In der DDR ist fast alles so gut wie immer zu spät.

** Und ich hab schlagfertig gekontert: »Und den Franz Josef in seinem Lauf hält weder Kohl noch Genscher auf.«

9.11.1989: Günter Schabowski, Mitglied des DDR-Politbüros, gibt in einer Pressekonferenz die sofortige Öffnung der DDR-Grenzen bekannt, ohne das mit dem Politbüro abgesprochen zu haben.

9. November 1989
Schabowski macht die Mauer auf

Musste heute noch mal an diesen Erich Honecker denken mit seinen markigen Sinnsprüchen.* Auch so ein knackiger Satz von ihm war ja noch Anfang des Jahres: »Die Mauer wird auch in 50 und auch in 100 Jahren noch bestehen bleiben« – da hat er sich aber locker um mindestens 49 Jahre verschätzt, der gute Erich.

Ich kann nur sagen: Selber schuld, wenn er sich solche Luschen wie diesen Schabowski in sein Politbüro holt, der nicht einmal die Zettel, die man ihm hinlegt, gescheit lesen kann und auf die Journalistenfrage, wann denn die Mauer geöffnet wird, einfach ein »Ab sofort, meines Wissens …« herausplappert.

»Aus Wissen muss ein Können werden« – das hat jetzt nicht der Honecker gesagt und auch nicht der Gorbatschow, sondern der preußische General Clausewitz. Und er hat noch was gesagt: »Nichts ist schwerer als der Rückzug aus einer aussichtslosen Position.«** Da hätten die Preußen in Ostberlin vielleicht besser ihre Generäle studieren sollen, dann hätten sie heute ihre Mauer nicht aufmachen müssen.

* Siehe Eintrag vom 7. Oktober

** Niemand weiß das besser als ich. Ich sage nur 1976, die Aufkündigung der Fraktionsgemeinschaft mit der CDU! Aber ICH habe damals den Rückzug geschafft! Nach dem Motto: »Was kümmert mich heute, was ich gestern Nacht im Bierstüberl von Wildbad Kreuth dahergeredet habe.« Auch ich habe meine Sinnsprüche und Lebensweisheiten.

1990

15.1.1990: Tausende Demonstranten drängen auf das Gelände der Ostberliner Stasi-Zentrale im Berliner Bezirk Lichtenberg, das über Jahrzehnte Sperrgebiet war.

15. Januar 1990
Nachtigall, ick hör dir …

Sturm auf die Stasi-Zentrale – also da merkt doch ein Blinder mit dem Krückstock, dass da was nicht stimmen kann: Da brauchen die Demonstranten nur sagen: Macht die Tür auf, und schon sind sie drinnen. Da hätte man sich ja schon mal fragen müssen: Was ist denn das für ein Geheimdienst, der das Volk einfach in sein Allerheiligstes reinspazieren und in seinen Akten rumwühlen lässt? Was soll denn da noch geheim sein? Solche Stümper könnten sich ja gleich Geh-heim-Dienst nennen.

Aber die bei der Stasi sind keine Stümper, das haben wir in 40 Jahren DDR mehr als einmal feststellen müssen. Und deshalb kann ich da nur sagen: Nachtigall, ick hör dir trapsen! Kaum sind die Demonstranten im Gebäude, lassen sie die Büros links liegen und stürmen in den Versorgungstrakt, wo sie Dosen mit Haifischflossensuppe aus den Regalen holen, aber keine Akten. Die haben sich in der Zwischenzeit andere unter den Nagel gerissen, sofern sie brisant waren – wahrscheinlich waren's die Stasi-Mitarbeiter selber oder irgendwelche westlichen Geheimdienste. Ich kann nur hoffen, dass der bayerische Verfassungsschutz diese Gelegenheit nicht wieder verpennt hat. Ich würde ja zu gern einen posthumen Blick in meine Stasi-Akte werfen, und wenn ich dann fertig bin, soll sie der Stoiber höchstpersönlich aufessen.

19.1.1990: Herbert Wehner, der SPD-Politiker und jahrelange Gegenspieler von Franz Josef Strauß im Deutschen Bundestag, stirbt im Alter von 83 Jahren.

19. Januar 1990
Wo ist der Strauß?

Herbert Wehner ist da. Ich hab's gleich gerochen, am Pfeifenrauch.* Und kurz darauf hab ich ihn auch schon poltern hören: »Wo ist der Strauß und seine Mitsträuße? Mit dem hab ich noch ein Hühnchen zu rupfen.« Ich hab mich erst mal tot gestellt und ihn nicht beachtet. Aber dann hat er mich auf meiner Wolke entdeckt und gleich angepflaumt: »Wer raufkommt, muss auch wieder runtergehen.«

Keine Ahnung, was er damit meint. Das wird noch was werden mit dem – ein kommunistischer Atheist im Himmel. Hoffentlich gibt's jetzt hier keinen Linksruck. Mal sehen, wie lang er es aushält.

* Wehner hat die Pfeife kurz nach seiner Ankunft abgeben müssen, hier oben in den elysischen Gefilden herrscht strenges Rauchverbot.

12.3.1990: Letzte Sitzung des Runden Tischs der DDR, der sich am 7.12.1989 auf Initiative der Bürgerbewegung »Demokratie Jetzt« zum ersten Mal traf und die Arbeit der Regierung Modrow stark beeinflusste.

12. März 1990
Die Tafelrunde ist aufgehoben

Jetzt ist dieser »Runde Tisch« auch Vergangenheit, heut' war seine letzte Sitzung. Ich kann nur sagen: Gott sei Dank. Man kann mir ja nun wirklich nicht vorwerfen, dass ich gesellige Runden meiden würde. Ich war in der DDR im Lauf der Jahre weiß Gott an vielen Tischen gesessen, auch an runden. Und wer mich kennt, der weiß, dass ich immer zu den Letzten gehört habe, die von einem Tisch aufgestanden sind. Es ist ja nicht so, dass wir in Bayern keinen Runden Tisch gehabt hätten, nur war der halt immer ein Ein-Mann-Stammtisch mit MIR und der Führungsriege der CSU als Bedienungen, und wann Sperrstunde war, habe ICH bestimmt.

Aber bei diesem Zentralen Runden Tisch in Ostberlin bin ich froh, dass für ihn jetzt endlich die Sperrstunde gekommen ist. Da sind schon die Richtigen beieinandergesessen, mein Lieber. Von den Grünen über irgendwelche Frauenrechtlerinnen bis hin zum Stasi-IM war da alles vertreten. Wenn diese Ritter der Tafelrunde demnächst in westdeutschen Parlamenten rumstänkern, dann gute Nacht …

So kann ja die Wiedervereinigung nicht laufen, dass man in Zukunft mit linken Moralaposteln über Politik diskutieren muss, und die Geschäfte bleiben auf der Strecke …

18.3.1990: Bei den ersten und einzigen freien Volkskammerwahlen erreicht die konservative »Allianz für Deutschland« aus CDU, DSU und DA mit 48,15 Prozent der Stimmen einen überwältigenden Sieg. Die SPD erhält 21,84 Prozent, die PDS 16,33 Prozent und die Liberalen 5,28 Prozent der Stimmen. Das Bündnis 90, in dem sich die Hauptinitiatoren der friedlichen Revolution zusammengeschlossen haben, erreicht nur 2,91 Prozent der Stimmen. Die Wahlbeteiligung liegt bei 93,38 Prozent.

18. März 1990
Einmal und nie wieder: freie Volkskammerwahlen

Erste freie Volkskammerwahlen – wenn das nicht eine *Contradictio in Verbis* ist, ein Widerspruch in sich. Was war denn an dieser Volkskammer jemals frei? Und wenn ich das richtig sehe, dann werden die ersten freien Wahlen auch die letzten sein, dafür wird der Oger aus Oggersheim schon sorgen!

Wenigstens hat die konservative »Allianz für Deutschland« mit der CDU und der DSU eine Mehrheit gekriegt, aber bei 48,15 Prozent von einem »überwältigenden Sieg« zu sprechen zeugt schon davon, dass die da drüben im Osten noch weit von unserem bayerischen Demokratieverständnis entfernt sind. Bei uns ist alles unter der Zwei-Drittel-Mehrheit eine Niederlage, alles unter 50 Prozent eine Katastrophe.

Aber wenn man mit Leuten wie diesem Leipziger Pfarrer Ebeling eine Zwillingspartei gründet, dann darf man sich nicht wundern, wenn die DSU bei der Volkskammerwahl nur auf 6,3 Prozent kommt. Erst seine Kirche nicht für die Montagsdemonstranten aufsperren wollen und nach der Wende das große Wort führen! Das ist ja Wasser predigen und Wein trinken …

17.-21.4.1990: Bei einer Volksabstimmung in Karl-Marx-Stadt sprechen sich mehr als 75 Prozent der wahlberechtigten Bevölkerung für die Rückbenennung ihrer Stadt in »Chemnitz« aus.

21. April 1990
Willkommen in Bananenstadt

Karl-Marx-Stadt heißt jetzt wieder Chemnitz. Kann ich verstehen, wer will schon in einer Stadt leben, die nach einem rauschebärtigen Trierer Gammler benannt ist, der vor lauter Herumschwadronieren über die Weltrevolution seine Familie fast verhungern hat lassen?
Aber ist das nicht ein bisschen einfallslos, einfach den alten Namen wieder herzunehmen, mal ganz abgesehen davon, dass da wieder keiner weiß, wie man ihn aussprechen soll: *Kemnitz*, *Chhhemnitz* oder *Schemnitz*?
Da hätte man doch bestimmt auf andere Stadtnamen kommen können, wenn man sein Hirnkastl ein wenig angestrengt hätte: *Stadt der D-Mark*, zum Beispiel, oder *Stadt der Reisefreiheit*, oder warum nicht ganz was anderes und trotzdem Hochaktuelles: *Bananenstadt.*
Andererseits muss man es den Karl-Marx-Städtern hoch anrechnen, dass sie nicht ein zweites Mal in die Anbiederungsfalle getappt sind und ihre Stadt nicht *Helmut-Kohl-Stadt* genannt haben. So einen Nachfolger hat nicht einmal Karl Marx verdient.

13.6.1990: In Berlin wird mit dem endgültigen Abriss der 43 Kilometer langen Mauer begonnen. An vier Stellen bleiben Mauerreste als Mahnmal erhalten.

13. Juni 1990
Niemand hat die Absicht, einen Gewinn zu erzielen

Die Mauerspechte* kriegen Konkurrenz: Jetzt geht es der Mauer mit schwerem Gerät an den Kragen – und das wird eine Knochenarbeit. Schließlich waren das Preußen, die diese Mauer gebaut haben, und die sind nach uns Bayern wohl die besten Betongießer, die man sich vorstellen kann – man denke nur an den Bunker der Reichskanzlei. Ein bisserl überspitzt könnte man sagen, die Berliner Mauer war der Main-Donau-Kanal der preußischen Betonindustrie.

Wenn die DDR-Preußen nur alles in ihrer Wirtschaft so gründlich angegangen wären wie den Mauerbau, dann hätte die DDR *uns* mit einem Milliardenkredit aus der Patsche helfen müssen, nicht umgekehrt.

* Den Honecker wird das freuen. Der ist bestimmt im Achteck gesprungen, als er in Moskau erfahren hat, dass sein Antifaschistischer Schutzwall von fliegenden Händlern portionsweise an Touristen verkauft wird. Dafür, dass laut Walter Ulbricht angeblich »niemand die Absicht hatte, eine Mauer zu bauen«, hat sie jetzt doch noch ganz schön Gewinn abgeworfen. Dumm nur für die DDR, dass sie nicht selbst auf diese Devisenquelle gekommen ist!
Und wenn ich dann noch sehe, wie die Uniformen der Volksarmee meistbietend am Brandenburger Tor feilgeboten werden, dann muss ich sagen: Bayern ist nach dem Fall des Bauzauns von Wackersdorf glimpflich davongekommen!

Strickjackendiplomatie

16.7.1990: Das »Wunder vom Kaukasus« werden die Verhandlungen des Bundeskanzlers Helmut Kohl mit dem sowjetischen Präsidenten Michail Gorbatschow über die Modalitäten einer Vereinigung von Bundesrepublik und DDR genannt, die sie vom 14. bis 16. Juli 1990 in Moskau und im Kaukasus, Gorbatschows Heimat, führten.

16. Juli 1990
Das Strickjacken-Wunder

Ja, hat denn das Fernsehen gar nix mehr, was es senden kann, wenn es jetzt schon den Helmut Kohl zeigen muss, wie er mit dem Gorbatschow durch den Kaukasus stapft? Kohl mit Gorbi am Gebirgsbach, Kohl mit Gorbi in der Datsche … Da reden sie alle davon, der Oger von Oggersheim habe beim Gorbatschow die letzten Ängste vor einem wiedererstarkten vereinigten Deutschland ausgeräumt, und dann gehen solche Bilder um die Welt: Der

Kohl in der blauen Strickjacke wie der Koloss vom Kaukasus. Und der Gorbatschow, wie er schon mal den deutschen Gruß übt. Das ist das wahre »Wunder vom Kaukasus«, wie der Führer eines kommunistischen Weltreichs auf diesen Ludwigshafener Lumpensammler reinfallen kann. Lang geb ich dem nicht mehr, dem Gorbatschow, dann hat ihn Helmut Kohls Strickjacke der Geschichte von der Bildfläche geweht …
Und der Theo Waigel stapft im dritten Glied hinterher, als wäre er der Lehrbub. Wenn das die Rolle meiner CSU in den Neunzigern sein soll, dann wär's gescheiter gewesen, ich hätte den Waigel schon 1987 in Moskau gelassen!

3.10.1990: Die DDR tritt dem Geltungsbereich des Grundgesetzes bei. Die Bundesrepublik verfügt von nun an über die volle Souveränität. Bundespräsident Richard von Weizsäcker ernennt auf Vorschlag des Bundeskanzlers fünf ehemalige DDR-Politiker zu Ministern ohne Geschäftsbereich.

3. Oktober 1990
Tag der Kohlschen Frechheit

Jetzt hat es der Helmut Kohl aber genau beieinander … Hat dieser Pfälzer Politsaumagen doch tatsächlich seine sogenannte Wiedervereinigung geschafft!
Nicht genug damit, dass er das abgreift, was andere* auf

* Der Wehner, der sich auf einer roten Wolke ganz in meiner Nähe niedergelassen hat, schreit natürlich wieder dazwischen: »Genau! Der Willy Brandt und der Egon Bahr!«, so dass ich das in aller Bescheidenheit noch einmal verdeutlichen muss: Ich meine mit den »anderen« natürlich MICH.

den Weg gebracht haben, er muss dieses Datum ausgerechnet auf MEINEN dritten Oktober legen, den Tag, an dem ICH vor einem Jahr von allen meinen irdischen Ämter zurückgetreten bin! Er hätte genauso gut den zweiten Oktober nehmen können, an dem sich die DDR-Volkskammer aufgelöst hat, aber nein, es muss partout der *dritte* Oktober sein. Das macht der mir zu Fleiß, damit er fortan an meinem Todestag am Potsdamer Platz ein Freudenfeuerwerk abbrennen kann.

Aber was dem Fass den Boden ausschlägt, ist die Frechheit, diesen kalendarischen Fehlgriff auch noch »Tag der Deutschen Einheit« zu nennen.

Wenn schon, dann hätte er »Tag der von Franz Josef Strauß maßgeblich bestimmten Deutschen Einheit« heißen müssen, von mir aus auch »Tag des Franz Josef Strauß«, oder kurz »FJS-Tag«.*

* Habe inzwischen erfahren, dass sie die Feier um einen Tag verschoben haben, damit der Genscher noch rechtzeitig aus New York zurückkommen kann. Was hat denn Dumbo, der fliegende Diplomatenelefant, schon wieder in New York zu suchen? Kann der nicht *einmal* daheimbleiben?

2.12.1990: Erste freie gesamtdeutsche Wahlen seit 1932: Die CDU/CSU erreicht 43,8 Prozent, die SPD 33,5 Prozent und die FDP 11 Prozent der Stimmen. Die Grünen der Bundesrepublik (Wahlgebiet West) scheitern mit 4,8 Prozent an der Fünf-Prozent-Hürde. Im Wahlgebiet Ost (ehemals DDR) erreichen Bündnis 90/Grüne 6 Prozent und die PDS 11,1 Prozent. Aufgrund der separaten Fünfprozentklausel im geänderten Bundeswahlgesetz sind sie damit im Bundestag vertreten.

2. Dezember 1990
Bundestagswahl

Was ich befürchtet habe, ist eingetreten: Kaum lässt man die ehemaligen DDR-Bürger an die Wahlurne, bescheren sie einem vier weitere Jahre Helmut Kohl. Wenn ich diesen einheitsbesoffenen Kindergartendemokraten da drüben etwas übelnehme, dann das: Dass sie wochenlang am Runden Tisch die großen Wenderevoluzzer spielen, und dann ist das Ergebnis eine weitere Runde Helmut Kohl.

15.12.1990: Die Hauptnachrichtensendung »Aktuelle Kamera« der ehemaligen DDR wird zum letzten Mal gesendet. Die Frequenzen des Deutschen Fernsehfunks gehen an die ARD über.

15. Dezember 1990
Die nicht mehr Aktuelle Kamera

Heute ist da drunten die letzte Sendung der »Aktuellen Kamera« gelaufen, und damit gibt es in Europa nur noch eine staatsaffirmative, vom Willen einer Partei getragene Nachrichtensendung: die Rundschau im Bayerischen Fernsehen.

Ich glaube, ich muss einmal dem Wolf Feller im Traum erscheinen und ihn auf ein paar Ideen bringen, wie man dieses Alleinstellungsmerkmal optimal nutzen kann … Auf jeden Fall muss er sich sofort die Rechte am »Schwarzen Kanal« sichern – ein besserer Markenname für einen CSU-nahen Staatssender lässt sich auf dem freien Markt derzeit nicht finden.

1991

So marschiert man in Moskau ein!
Muss das Foto Napoleon im blau-weiß-roten Himmel zuspielen, das wird ihn wurmen!

25.2.1991: Die sechs im Warschauer Pakt verbliebenen Staaten (UdSSR, Rumänien, Bulgarien, Polen, ČSFR, Ungarn) beschließen die Auflösung des Militärbündnisses.

25. Februar 1991
Wie ICH den Warschauer Pakt aufgelöst habe...

Zeit wird's – der Warschauer Pakt hat eingepackt und sich aufgelöst. Und wundern tut mich das überhaupt nicht. Seit ICH nicht mehr bin, ist die NATO zu einem zahnlosen Tiger geworden, der ständig seine Prothese verlegt.

Wie der Kohl zusammen mit dem Waigel und dem Johnny Klein beim Gorbatschow im Kaukasus war, hat auch der letzte Russe überdeutlich gesehen, dass von diesen perwollgewaschenen Strickmodenhanseln nun wirklich keine Gefahr mehr ausgeht. Was sollen die denn noch für ein Feindbild sein?

Als ICH 1987 mit dem halben bayerischen Kabinett nach Moskau eingeflogen bin, haben wir noch Angst und Schrecken verbreitet. ICH habe damals zum Gorbatschow gesagt: »Entweder Sie lösen binnen der nächsten fünf Jahre den Warschauer Pakt auf, oder ich lasse Ihnen den Stoiber und den Tandler da.« Und wie man sieht, es hat gewirkt!

30.4.1991: In Zwickau läuft nach fast 35 Jahren der letzte Trabant vom Band. Insgesamt wurden 3 Millionen Personenwagen dieses Typs gebaut.

30. April 1991
Ikonendämmerung

So wird das nix mit den »blühenden Landschaften« im Osten, wenn die jetzt schon DIE Ikone der ostdeutschen Autoindustrie in die Tonne treten – den Trabbi. Nicht mehr zukunftsfähig heißt es, ist der Plastikbomber mit Zweitaktmotor. Na und? Da hätten wir in den fünfziger Jahren BMW auch über den Jordan schicken müssen, weil die damals jämmerliche Klein-Mobile wie die Isetta gebaut haben.

Ein Auto, auf das die Menschen freiwillig 15 Jahre lang gewartet haben, kann so schlecht nicht sein – und selbst wenn es schlecht wäre, ist das noch lang kein Grund, es einzustampfen. Ich selbst habe für die Bundeswehr den Schützenpanzer HS 30 eingekauft, obwohl allen klar war, dass diese Krücke nie funktionieren würde. Aber solche oberflächlichen Mängel kann man mit kreativer Politik doch alle ausgleichen.

Ich, wenn noch am Leben wäre, ich tät denen schon sagen, wie es geht: Steuerbefreiung für Zweitaktergemisch, und schon heißt es auch beim Trabbi: Er läuft und läuft und läuft …

12.6.1991: Der ehemalige Weggefährte Michail Gorbatschows und frühere Moskauer Parteichef Boris Jelzin, der 1988 wegen seines radikalen Reformkurses alle Parteiämter verloren hatte, wird zum Präsidenten der sowjetischen Teilrepublik Russland gewählt.

12. Juni 1991
Politik der Wodkaflasche

Wundert mich nicht: Ab und zu ein tiefer Blick in die Wodkaflasche, und schon wird man in Russland und im westlichen Ausland zum Hoffnungsträger. Anscheinend glauben die alle, ein Präsident, der doppelt sieht, hat auch einen doppelt so guten Durchblick. In Wodka veritas, na dann Prost!

20.6.1991: Mit 338 gegen 320 Stimmen entscheiden sich die Abgeordneten des Deutschen Bundestags für Berlin als künftigen Regierungssitz.

20. Juni 1991
Ich hab noch einen Reichstag in Berlin

Was ist denn jetzt in diese Irren im Bundestag gefahren? Die wollen doch glatt dieses Gammler- und Drückeberger-Reservat Berlin wieder zur Reichshauptstadt machen – ja haben die denn seit der Einheit keine anderen Sorgen?

Da haben s' in Bonn grad mal eben einen neuen Plenarsaal hingestellt, und jetzt muss mit Gewalt dem Reichstag von Kaiser Wilhelm ein demokratisches Mäntelchen

umgehängt werden. Wenn die Preußen Oberwasser kriegen ...
Und dann noch diese peinliche Werbekampagne, mit der sie dem Volk den Umzug schmackhaft machen wollen: »Berlin – die Hauptstadt Punkt« – Wenn da mal in dem Punkt nicht das englische *Punk* drinsteckt.

17.8.1991: Die Sarkophage der Preußenkönige Friedrich Wilhelm I. und Friedrich II. werden gemäß testamentarischem Wunsch Friedrichs II. nach Potsdam überführt.

17. August 1991
Sehr späte Heimkehrer

Ich habe ja nix gegen Spätheimkehrer, wirklich nicht, aber hat's das jetzt wirklich gebraucht? Dass sie den Alten Fritz und seinen Vater nach über 200 Jahren ausgraben und nach Potsdam bringen? Die wären doch viel besser in Sigmaringen aufgehoben gewesen, im Hohenzollernschloss, da, wo sie hingehören.
Ja mei, sagen sie, das war halt sein Letzter Wille, in Sanssouci neben seinen Hunden beigesetzt zu werden. Aber wo käme man denn hin, wenn man jetzt jeden testamentarischen Wunsch von irgendwelchen dahingeschiedenen Alleinherrschern erfüllen würde?
Wenn ich das gewusst hätte, dann hätte ich noch schnell ein politisches Testament geschrieben.
Eine Umbettung aus Rott am Inn nach München in ein Ehrengrab direkt neben der Bavaria – mit einer überlebensgroßen FJS-Statue als Grabdenkmal.
Und wehe, der Helmut Kohl steht dann daneben und

Vielleicht hätte ich damals bei meinem Ägyptenbesuch den alten Ramses mit nach München nehmen und in der Ägyptischen Staatssammlung in München beisetzen sollen.

fängt an zu heulen,* wie da in Potsdam bei der Beisetzung vom Alten Fritz … da bleib ich lieber die nächsten 200 Jahre in Rott am Inn …

* Der tut ja gerade so, als wär der Alte Fritz ein enger Verwandter von ihm gewesen oder ein Spezi, mit dem er jahrelang am Stammtisch gesessen ist … da sieht man mal wieder, was unter dem Mantel der Geschichte für Neurosen blühen.

19.8.1991: In der Sowjetunion versuchen reformfeindliche Kräfte, Präsident Michail Gorbatschow zu stürzen. Der russische Präsident Boris Jelzin ruft die Bevölkerung zum Widerstand gegen die Putschisten auf. Am 21. August bricht der Umsturzversuch zusammen.

19. August 1991
Auf ein Glas Nost, Herr Gorbatschow

Putsch gegen Gorbatschow. Das musste ja so kommen. Wenn einer versucht, den Russen ihren Wodka zu verbieten, darf er sich nicht wundern, wenn s' gegen ihn auf die Barrikaden gehen. Wäre vielleicht gescheiter gewesen, er hätte sich statt für GlasNOST für ein »Glas Wodka in Ehren« eingesetzt, dann wäre das nicht passiert.

19.9.1991: Am Similaun-Gletscher oberhalb des Ötztals wird die mumifizierte Leiche eines Mannes aus der Bronzezeit gefunden.

19. September 1991
Tauwetter im Ötztal

Da fragt man sich natürlich sofort, ob man sich nicht selber hätte einfrieren lassen sollen. Es gibt ja in den USA genügend Institutionen, die so etwas anbieten. Aber ganz ehrlich: Will man das? Nach 5000 Jahren aufgetaut werden und keiner weiß mehr, wer man war?
Bei diesem Ötzi wird ja auch schon munter spekuliert, wer oder was er dereinst gewesen sein könnte. War er ein Jäger? War er ein Krieger? War er krank, war er gesund? Was

hat der überhaupt da oben in den Bergen zu suchen, wenn er bloß Sandalen anhat?
War er am Ende ein Preiß?
Und dann der Name: Ötzi. Was für eine Respektlosigkeit! Vielleicht war er der Ministerpräsident vom Ötztal, und keiner von den Trotteln heute weiß das noch. Wenn s' mich in 5000 Jahren in meiner Gruft entdecken, kann vielleicht auch keiner mehr sagen, wer ich zu Lebzeiten war, und dann nennen sie mich am Ende Rotti, bloß weil sie mich in Rott am Inn gefunden haben.

20.9.1991: Der Überfall von Rechtsextremisten auf vietnamesische Gastarbeiter und das Eingreifen der Polizei lösen im sächsischen Hoyerswerda schwere Ausschreitungen Rechtsradikaler gegen Ausländer und Asylbewerber aus.

20. September 1991
»Gänsefleisch«

Das kann ja wohl nicht wahr sein, dass die Polizei vor ein paar dahergelaufenen Neonazis den Schwanz einzieht! Und dann fragt man sich natürlich auch, was die Sachsen so wütend auf Ausländer macht, wo sie doch selber kein Deutsch sprechen können. Ich weiß noch gut, wie man früher an der Zonengrenze gefragt wurde: »Gänsefleisch Ihrn Goffer oofmachen?«*

* Könn' Se vielleicht Ihren Koffer aufmachen?

1992

6.3.1992: Am 517. Geburtstag des italienischen Bildhauers, Malers, Architekten und Dichters Michelangelo Buonarotti wird ein Computervirus aktiviert, der die auf EDV-Anlagen gespeicherten Informationen unwiederbringlich löscht.

6. März 1992
Michelangelo-Computervirus freigesetzt

Was ist denn auf einmal in die Programmierer gefahren? Früher haben die noch gemeint, Michel Angelo wäre der Name des Bäckers bei ihrem Pizza-Heimservice, jetzt benennen sie schon ihre Schadsoftware nach ihm. Was soll denn da noch alles kommen? Am 24. Dezember 1992 der Jesus-Virus, der einem automatisch sämtliches Geld auf dem Konto an die Caritas überweist und am 6. September 1993 der Franz-Josef-Strauß-Virus, der das Konto wieder auffüllt?

13.5.1992: Das Europäische Patentamt in München erteilt erstmals ein Patent für ein gentechnisch verändertes Tier, die »Harvard-Krebsmaus«.

13. Mai 1992
Erstes Patent auf ein Lebewesen

Wenn die da nicht die Büchse der Pandora aufgemacht haben. Tät mich nicht wundern, wenn die CSU demnächst ein paar Patente anmelden würde: den Tandler als den Altöttinger Kneifer und den Waigel als die ersten sprechenden Augenbrauen der Welt.

17.5.1992: Der bislang größte Umzug in der europäischen Luftfahrt findet innerhalb von nur 16 Stunden statt: Der Flughafen Riem wird an den neuen Franz-Josef-Strauß-Flughafen im Erdinger Moos verlegt. Über 1600 Lastwagen und 5000 Logistikhelfer sind im Einsatz.

17. Mai 1992
Völkerwanderung mit Flugzeugen

Heute Nacht ist der Münchner Flughafen von Riem ins Erdinger Moos umgezogen. Endlich, kann ich da nur sagen. Es war den Flugpassagieren aus aller Welt schließlich nicht mehr zuzumuten, auf einem namenlosen Airport zu landen – da wissen sie ja nicht, dass sie in Bayern sind.

Gegen diesen Umzug verblassen sämtliche Faschings- und Fronleichnamsumzüge aller Zeiten zu traurigen Fußkranken-Veranstaltungen. Der größte Umzug seit der Völkerwanderung, hat eine Zeitung geschrieben, aber bitte schön, das mag schon sein: Schließlich habe ICH ja meinen guten Namen dafür hergegeben.

Dass aber die ersten Lufthansa-Maschinen, die auf dem neuen Airport gelandet sind, »Erding« und »Freising« getauft worden sind, hat mich dann doch enttäuscht, da wären »Franz« und »Josef« doch viel angebrachter gewesen.

17.5.1992: Der mit 18 Amtsjahren derzeit dienstälteste Außenminister der Welt, Hans Dietrich Genscher, tritt zurück.

17. Mai 1992
Das Gelbe vom Ei?

Man kann ja über den Genscher sagen, was man will,* und es ist sicherlich richtig, dass man nur dann zum dienstältesten Außenminister der Welt werden kann, wenn man sein Fähnchen in wirklich jeden Wind hängt, und wenn er aus einer noch so obskuren Ecke weht. Auch dass er sich von einem windigen Satiremagazin wie der »Titanic« zum »Genschman« hochschreiben lassen musste, um wenigstens in der unteren Liga politischer Superhelden der Bundesrepublik mitspielen zu können, sei ihm verziehen. Aber eines muss man dem Genscher nach all den Jahren wirklich zum Vorwurf machen: Dass er die ganze Welt 18 Jahre lang mit demselben gelben Pullover malträtiert hat! Die Farbe war doch schon aus der Mode, als er das Ding zum ersten Mal angezogen hat! Dieses wässrige, stinklangweilige Gelb, bei dem einem jeder beschreibende Vergleich im Hals steckenbleibt. Wollte der damit seinen politischen Gegner die gelbe Karte zeigen oder als die gelbe Gefahr aus Sachsen in die Geschichte eingehen? Das Gelbe vom Ei war dieser Pullover sicherlich nicht.

* Ich habe ihn 1978 in der »Weltwoche« als »eine armenische Mischung aus marokkanischem Teppichhändler, türkischem Rosinenhändler, griechischem Schiffsmakler, jüdischem Geldverleiher und einem Sachsen« tituliert.

7.7.1992: Am Rande des 18. Weltwirtschaftsgipfels in München kommt es zu einer Einkesselung von Demonstranten durch die Polizei, die zu heftigen Kontroversen führt und von der Presse »Münchner Kessel« genannt wird.

7. Juli 1992
Münchner Kesselfleisch

Oh mei, oh mei, Streibl!
Da hat der kleine Maxl wieder mal den großen Franz Josef spielen wollen! Das ist ja sauber in die Hose gegangen!
Ich war ja selbst weiß Gott kein Kind von Traurigkeit, wenn es darum ging, bei linken Chaoten mal ordentlich hinzulangen. Ich erinnere nur an die legendären Schlachten von Wackersdorf.
Insofern war deine Aktion beim Weltwirtschaftsgipfel gestern schon der richtige Ansatz, obwohl ich ja den Ausdruck »Münchner Kessel« ein wenig unglücklich finde, das klingt eher nach einer Geschäftsidee vom Donisl, mit der sie nachts alte Weißwürst an die Touristen verfüttern wollten.
Auch der Satz »Wenn einer glaubt, sich mit Bayern anlegen zu müssen, dann muss er wissen, dass hartes Hinlangen bayerische Art ist« wäre an und für sich der richtige Ansatz, Streibl, der hätte durchaus von mir sein können.
ABER: Wie kann man denn auf die Idee kommen, ausgerechnet Demonstranten mundtot zu machen, die mit Trillerpfeifen gegen den Helmut Kohl anpfeifen? Denen hätte ich ja noch Verstärkeranlagen hingestellt …

27.8.1992: Die vom Hamburger Bauer-Verlag herausgegebene und 1948 gegründete Illustrierte »Quick« wird wegen großer Einbußen im Anzeigengeschäft eingestellt.

27. August 1992
Das war's, »Quick«

Das wundert mich nicht, dass die »Quick« keine Anzeigen mehr kriegt, wenn sie groß und breit Briefe von dieser Zonen-Plaudertasche Schalck-Golodkowski abdruckt, in denen er Erich Mielke über mich berichtet hat. Dann hat sie auch nichts anderes verdient.
Aber ich hab's 1966 schon geahnt, als sie den Chefredakteur der »Quick« rausgeschmissen haben, weil er mit mir befreundet war. Allein das zeugt ja von einer verlegerischen Stümperei, die ihresgleichen sucht! Was hat denn den »Bayernkurier« zu dem Weltblatt gemacht, das er heute ist? Eben. Die enge Freundschaft des Chefredakteurs – und vor allem die des Herausgebers – mit MIR.

17.10.1992: Der frühere Bundeskanzler und SPD-Vorsitzende Willy Brandt, der am 8. Oktober im Alter von 78 Jahren verstorben ist, wird nach einem Staatsakt im Reichstagsgebäude auf dem Zehlendorfer Waldfriedhof in Berlin beigesetzt.

17. Oktober 1992
Staatsakt für Willy Brandt

Habe mir gerade diesen sogenannten Staatsakt für den Willy Brandt angesehen. Also ein bisserl übertrieben war das schon, bloß weil dieser buntscheckige Abenteurer in Warschau im richtigen Augenblick auf die Knie gefallen ist, muss man doch nicht gleich einen derartigen Aufwand betreiben.*

Bin aber beruhigt, dass das Begräbnis in keinster Weise mit dem meinen mithalten konnte. Was ist eine Ehrenkompanie der Bundeswehr gegen die Bayerische Bereitschaftspolizei? Was ist das Rathaus Schöneberg als Aufbahrungsort gegen das Prinz-Carl-Palais? Es gab keinen von sechs Pferden gezogenen Katafalk, und durch das Siegestor ist er auch nicht entschwunden (nicht einmal durch seine traurige Vorgängerkopie, das Brandenburger Tor).

Und mit dem Nachruhm dieses Willy Brandt wird es auch nicht besser aussehen. Kann mir nicht vorstellen, dass nach dem Partisan von Norwegen dereinst ein großer Flughafen benannt werden wird. Und wenn, dann höchstens einer, auf dem aus Prinzip überhaupt nichts funktioniert – als Denkmal für die Brandtsche Ostpolitik.

* Dass Wehner bei der OHL für diesen Tag schwarze Trauerbewölkung durchgesetzt hat, finde ich stark übertrieben.

31.10.1992: Mehr als dreieinhalb Jahrhunderte mussten vergehen, bis der Vatikan den einstigen Ketzer Galileo Galilei rehabilitiert.

31. Oktober 1992
Gottes Mühlen mahlen langsam

Sieh mal einer an, jetzt hat doch der Papst den Galileo Galilei tatsächlich rehabilitiert. Das ist ja wirklich erstaunlich: Schon nach wenig mehr als 350 Jahren gibt die Kirche zu, dass sie einen Fehler gemacht hat und sich die Erde tatsächlich um die Sonne dreht. Hoffentlich muss die Menschheit nicht noch mal 350 Jahre warten, bis die CSU zugibt, dass sich auch nach meinem Tod in Bayern alles um mich dreht!

28.12.1992: Der Schriftsteller Günter Grass tritt wegen der Kursänderung der SPD in der Asylfrage aus der Partei aus.

28. Dezember 1992
Wieder einer weniger

Der Günter Grass tritt aus der SPD aus! Da wird sie aber bestimmt traurig sein, die SPD. Ich habe schon 1969 dem »Garmischer Tagblatt« gesagt: »Dem Grass ist die bayerische Volksseele so unbekannt, dass er am besten zu Hause bleibt. Der hält alle Bayern mehr oder weniger für Analphabeten, dieser auf dem Pegasus dahertrabende deutsche Oberdichter.« Jetzt hat des Dichters Bannstrahl halt nach den Bayern seine geistige Heimat SPD getroffen.

1993

3.1.1993: Bundeswirtschaftsminister Jürgen W. Möllemann (FDP) tritt wegen seiner Verstrickung in die »Briefbogenaffäre« zurück. Er hatte – nach eigenen Angaben unwissentlich – auf offiziellem Papier seines Ministeriums Werbung für das Produkt eines Verwandten betrieben.

3. Januar 1993
Briefpapier ist geduldig

Dieser Möllemann!
Da empfiehlt er auf dem offiziellen Briefpapier seines Ministeriums den deutschen Supermärkten einen Chip für Einkaufswägen, den sein Vetter herstellt, und behauptet dann, er habe davon nichts gewusst.
Jetzt ist er zurückgetreten.
»Wegen einer Lappalie!«, wie manche in der FDP behaupten.
Von wegen Lappalie. Was hocken denn da für Sockenriecher auf Ministerstühlen, die unter Vetternwirtschaft verstehen, dass man windige Plastikchips für ein paar Pfennig Wert verschachert. DAS ist doch der Skandal!
Und sich dann noch unwissend geben, wenn s' einem draufkommen. Wenn das alles ist, was der Unternehmerpartei FDP heute noch zum Thema Wirtschaftsförderung einfällt, dann sollten sie wirklich die Reißleine ziehen. Ob Möllemann das kann?

13.1.1993: Nachdem das Berliner Verfassungsgericht die Fortsetzung des Prozesses und der Haft als Verletzung der Menschenwürde des todkranken Erich Honecker bewertet und das Berliner Landgericht das Verfahren gegen ihn eingestellt hat, wird der inhaftierte frühere Staats- und Parteichef der DDR aus dem Gefängnis entlassen. Honecker reist nach Chile aus, wo seine Tochter und seine Frau Margot Honecker leben.

13. Januar 1993
Honecker reist nach Chile

Honecker in Chile. Mir soll's recht sein, solange der Schalck-Golodkowski am Tegernsee wohnt.
Hoffentlich kommt Pinochet jetzt nicht im Gegenzug auf die Idee, in die alte DDR zu flüchten. Ein brutaler General käme beim Mob in Hoyerswerda vielleicht gut an, aber die maroden Fußballstadien dort taugen nicht als Oppositionsgefängnisse.
Das muss ihm klar sein.

18.1.1993: In München erscheint die erste Ausgabe des Nachrichtenmagazins »Focus«, das vom Burda-Verlag herausgegeben wird.

18. Januar 1993
MARKige WORTe

Wird ja auch höchste Zeit, dass jemand diesem linken Kampfblatt »Spiegel« Konkurrenz macht. Und dieser Markwort scheint ja recht respektabel zu sein – ein FDP-Mitglied, das die Zeitschrift »Ein Herz für Tiere« entworfen und mit Gila von Weitershausen zusammen in einer Sexkomödie* gespielt hat, das ist genau der knallharte, mit allen Wassern gewaschene investigative Journalist, den dieses Land braucht.

24.2.1993: Mit dem Ausruf »Saludos Amigos« begrüßt Ministerpräsident Max Streibl seine Parteifreunde am politischen Aschermittwoch 1993. Damit will er Vorwürfe, er habe politische und wirtschaftliche Interessen verquickt, ins Lächerliche ziehen.

24. Februar 1993
»Saludos Amigos«

Ob der wirklich weiß, was er da gemacht hat, der Max Streibl, als er beim politischen Aschermittwoch »Saludos Amigos« in den Saal gerufen hat? Erstens waren da

* »Engelchen oder Die Jungfrau von Bamberg« hieß der Streifen, den ich seinerzeit (1968) leider verpasst habe, und hier oben gibt es keine Videothek.

»Hier sieht man MICH mit dem größten Hirsch Bayerns, der gerade einen kapitalen Bock geschossen hat.« Wenn man sich als Bayerischer Ministerpräsident schon in den Urlaub fliegen lässt, dann mit einem Airbus auf die Jacht vom Flick!

beileibe nicht nur Freunde von ihm gesessen, und zweitens ist es mit seinen Freunden, die er außerhalb der CSU haben will, auch nicht grad weit her. Lässt sich der auf Kosten von einem Allgäuer Leichtflugzeugbauer namens Grob in den Urlaub fliegen, dieses politische Fliegengewicht!

Ich habe dem Max Streibl nach meinem irdischen Ende weiß Gott ein derart dichtes Netzwerk aus Kontakten und Beziehungen hinterlassen, dass sich jeder schwarze Potentat in Afrika alle zehn Finger danach abschlecken würde, und was macht dieser Oberammergauer Holzschnitzerschädel daraus? Er degradiert meine liebevoll aufgebaute und zeit meines Lebens bestens gepflegte Spezlwirtschaft zu einer billigen Amigoaffäre.

18.5.1993: Bei einer zweiten Volksabstimmung billigen 56,8 Prozent der dänischen Wähler den Vertrag von Maastricht, der im Juni 1992 noch mit knapper Mehrheit abgelehnt worden war.

18. Mai 1993
Dänen lügen nicht

»Dänen lügen nicht«* – von wegen! Jetzt haben sie grad für den Vertrag von Maastricht gestimmt, den sie noch letztes Jahr mehrheitlich abgelehnt haben. Man braucht ein Volk anscheinend nur oft genug über was befragen, dann sagt es irgendwann schon einmal »Ja«.
Aber ganz wichtig: Danach bloß nicht noch mal eine Volksabstimmung zu dem Thema machen – ein altes Prinzip der Politik.

* Ich weiß schon, dass es »Tränen lügen nicht« heißt ... aber auch das stimmt nur bedingt. Man muss nur an die Tränen denken, die dieser Helmut Kohl in den Augen gehabt hat, als der Alte Fritz vorletztes Jahr in Potsdam neu beigesetzt wurde. Siehe meinen Tagebucheintrag vom 17. August 1989.

27.5.1993: Ministerpräsident Max Streibl tritt wegen der sogenannten Amigo-Affäre zurück. Sein Nachfolger soll Edmund Stoiber werden.

27. Mai 1993
Adios, Amigo

Das war ja zu erwarten, dass dieser Tuntenhausener Männervereinsvorsitzende Streibl die Segel streicht. Erst den starken Max von Oberammergau spielen und dann nicht den Mumm in den Knochen haben, ein paar schlechte Umfragen abzuwettern. Typisch!
Aber wen bestimmen sie zu seinem – und damit auch zu meinem – Nachfolger? Den Wolfratshausener Kamillenteesieder* Stoiber! Wie sind sie denn auf den gekommen? Wenn der Streibl farblos ist, dann ist der Stoiber durchsichtig, dieser Aktendeckel im Trachtenanzug, der sich selber zum »blonden Fallbeil der CSU« hinaufstilisiert hat. Fall ja, Beil nein, kann ich da nur sagen. Das wird mir was werden mit dem als Ministerpräsidenten, mein Lieber …

* Ich erinnere mich noch gut an unsere Wahlerfolge in den siebziger und achtziger Jahren in Bayern. Wenn wir da feuchtfröhlich gefeiert haben, ist der Stoiber doch im Schlafanzug danebengesessen und hat sich einen Tetrapak lauwarmen Ginkgosaft aufgemacht.

Hier sieht man mich beim Trinken der ersten Wiesn-Mass, die mir Erich Kiesl kredenzt. Der Brauch, dass der Oberbürgermeister so lange in den Masskrug beißen muss, bis der Ministerpräsident seine Mass komplett geleert hat, wurde später wieder fallengelassen.

12.9.1993: Christian Ude (SPD) wird als Nachfolger von Georg Kronawitter (SPD) zum Münchner Oberbürgermeister gewählt.

12. September 1993
Das wird ein kurzes Gastspiel, Herr Ude!

Da schau her, der kleine Schwabinger Stehaufkasperl ist doch tatsächlich Münchner OB geworden ... na ja, lang wird er sich nicht halten. Ich muss unbedingt demnächst in den Stoiber fahren und ihn dazu bringen, dass er in München eine Oberbürgermeisterattrappe installiert wie ich damals den Erich Kiesl.*

* Der Mann hat übrigens Geschichte geschrieben. Nein, nicht mit der Baulandaffäre um ihn und den Herrn Schörghuber und auch nicht mit der großzügigen Erhöhung der Bürgermeistergehälter. In seiner Amtszeit (1978–1984) hat er den bayerischen Brauch ins Leben gerufen, dass nach dem Wiesn-Anstich der Münchner Oberbürgermeister (er) dem Bayerischen Ministerpräsidenten (MIR) die erste Mass kredenzt.

1994

1.1.1994: Aus der Deutschen Bundesbahn und der Reichsbahn der DDR wird durch Privatisierung die Deutsche Bahn AG.

1. Januar 1994
Nie wieder Bundesbahn

Jetzt macht er ernst, der Wissmann, dieser als Verkehrsminister verkleidete Lobbyist: Reichsbahn und Bundesbahn werden zusammengeschmissen und privatisiert. Ausgerechnet jetzt, wo die vielen übernommenen DDR-Schaffner einen echten Effektivitätsschub geben: Wenn die die Fahrkarten auch nur halb so gut kontrollieren wie damals an der Zonengrenze, dann geht denen garantiert kein Schwarzfahrer mehr durch die Lappen.
Ich bin ja gespannt, was der Helmut und die anderen Kohlköpfe nach der Bahn und der Post als Nächstes privatisieren: die Bundeswehr? Die Polizei? Die Finanzämter? Der Bundestag käme auch in Frage, am besten an einen Großinvestor, der zahlt die paar Abgeordnetengehälter doch mit links von dem Geld, das er sich dann bei der Lobbyarbeit sparen kann.

25.3.1994: Die EU-Kommission verhängt über Niedersachsen ein Exportverbot für Schweine. Seit Oktober 1993 trat dort die Schweinepest auf. In dem zum Sperrgebiet erklärten Bundesland war der illegale Transport von 36 000 Schweinen bekanntgeworden.

25. März 1994
Exportverbot für Schweine aus Niedersachsen

Dieses Exportverbot muss Niedersachsen ja hart treffen – schließlich hat das Land nicht nur mit dem Export seiner Schweine Pech. Schon 1980 ist der Versuch, Ernst Albrecht als Kanzlerkandidaten zu exportieren, kläglich gescheitert.
Noch schlimmer wäre es, wenn seine Tochter Ursula sich eines Tages in die Politik einmischen würde. Da würde dann die Bundesregierung doch noch zum niedersächsischen Ponyhof. Zum Glück unvorstellbar!

14.4.1994: Der linke Schriftsteller Bernt Engelmann stirbt 73-jährig in München.

14. April 1994
Ob aus dem Engelmann ein Engel wird?

Der Bernt Engelmann ist tot, aber ich glaube nicht, dass sie ihn zu uns rauflassen, so wie der zu Lebzeiten auf mich losgegangen ist. Seine Behauptung, ich hätte linke Schriftsteller mit »Ratten und Schmeißfliegen« verglichen, war ja wohl eine der dreistesten Lügen, mit denen die linke Schmutzpropaganda mich zu Lebzeiten diffamiert hat. Dabei habe ich mit dieser Bezeichnung einzig und allein den Herr Engelmann* gemeint.

* Ehrlich gesagt, ich kann mich nicht einmal erinnern, ob ich wirklich das Wort »Ratten« gebraucht habe. Ich denke, es waren Mäuse. »Wir müssen die roten Mäuse in ihre Löcher zurücktreiben«, das habe ich gesagt. Und vielleicht waren es nicht einmal Mäuse. »Hamster« habe ich, glaube ich, gesagt, »kleine süße Zwerghamster«. So war's …

6.5.1994: Mit einer feierlichen Zeremonie in Calais wird der Tunnel unter dem Ärmelkanal eingeweiht.

6. Mai 1994
Schriftsteller im Untergrund

Irgendwie wundert es mich ja schon, dass die diesen Eurotunnel unter dem Kanal jetzt doch fertiggekriegt haben. Wo doch die Engländer jahrzehntelang Angst davor hatten, weil durch so einen Tunnel fremde Heere und kontinentales Ungeziefer* auf die Insel gelangen könnten. Gut, mit MEINEM Rhein-Main-Donau-Kanal kann er natürlich nicht mithalten, dieser Eurotunnel, den die Queen und der Chirac heute eingeweiht haben. Aber für Platz zwei wäre er wohl gut, auf der Liste der sinnlosen Prestigeprojekte, die kein Mensch wirklich braucht, dicht gefolgt von dem Erich Kiesls am Mittleren Ring in München. Eigentlich schade, dass die zwischen Calais und Folkestone nicht auch einen Autotunnel gebaut haben. Aber wahrscheinlich wäre es einfach zu aufwendig gewesen, mitten unter dem Kanal von Rechts- auf Linksverkehr zu wechseln.

* Wahrscheinlich wird es nicht lange dauern, bis die ersten linken Schriftsteller aus Deutschland versuchen werden, sich durch den Eurotunnel heimlich auf die Insel zu schmuggeln (vgl. meinen vorigen Eintrag).

29.5.1994: In Santiago de Chile stirbt der ehemalige Staats- und Parteichef der DDR, Erich Honecker, im Alter von 81 Jahren an einem Krebsleiden.

29. Mai 1994
Honecker ist da

Honecker ist da … wer hat denn den reingelassen? Und wie der mich sieht, schießt er auch gleich auf mich zu und bedankt sich noch einmal für den Milliardenkredit … wenn ich nicht gewesen wäre, dann … und so weiter, und so fort. Ich bin solche überschwenglichen Danksagungen ja gewohnt, aber der ist mir dann doch gehörig auf den Nerv gegangen, weil er mir am Schluss sogar Vorwürfe gemacht hat, weil ich keinen zweiten Kredit mehr eingefädelt habe … »Dann wäre die DDR nie undergegangn, das wär der Siech des Gommunismus gewesen, Mensch, Franz Josef!« – zum Glück ist dann der Wehner gekommen und hat ihn mit rüber auf seine Wolke genommen …

Honecker und ich 1983 beim Probewohnen in einem großen ostdeutschen Möbelhaus.

16.10.1994: Bei den Wahlen zum 13. Deutschen Bundestag behauptet die christlich-liberale Koalition knapp ihre Mehrheit. Die CDU/CSU erreicht mit 41,5 Prozent der Stimmen ihr bisher schlechtestes Ergebnis seit 1949.

16. Oktober 1994
Kohl, Kohl und noch mal Kohl

Kohl, Kohl und kein Ende. Kriegen die deutschen diesen faden Polit-Eintopf denn niemals über? Wenn das so weitergeht, werden künftige Generationen bei einem Zeitraum von vier Jahren nicht mehr an eine Olympiade, sondern an eine »Kohliade« denken.

1995

1.1.1995: Durch den Beitritt von Österreich, Finnland und Schweden wird die Europäische Union (EU) eine Gemeinschaft von 15 Staaten.

1. Januar 1995
Europa und der Österreicherwitz

Das ist jetzt schon der zweite Anschluss Österreichs innerhalb von 60 Jahren! Und wenn es schiefgeht mit Europa, dann sind die Österreicher bestimmt die Ersten, die sagen, dass sie eigentlich von Anfang an dagegen waren ...

16.2.1995: Im ersten Doping-Urteil der Fußballbundesliga verurteilt das DFB-Bundesgericht in Frankfurt/Main den Bochumer Roland Wohlfahrt wegen grob fahrlässiger Einnahme verbotener Substanzen zu einer Sperre bis zum 23. März 1995.

16. Februar 1995
Doping in der Bundesliga – na und?

Ich warte bloß drauf, dass der erste Politiker des Dopings überführt wird – der grob fahrlässigen Einnahme erlaubter Substanzen im Bierstüberl von Wildbad Kreuth.

29.3.1995: Der Schriftsteller Ernst Jünger feiert seinen 100. Geburtstag. Jünger ist wegen seiner einem »kriegerischen Männlichkeitskult« huldigenden Prosa und seiner Haltung während der NS-Zeit umstritten.

29. März 1995
Hundert Jahre und kein bisschen weise…

Da kann man nur hoffen, dass er mindestens 120 wird und nicht zu bald zu uns kommt und uns mit seinen Kriegsgeschichten volllabert. Da bin ich mir ausnahmsweise mal mit Wehner einig: Auf dem seine Stahlgewitter können wir getrost verzichten.

8.5.1995: Überall in Europa wird an das Ende des Zweiten Weltkriegs vor 50 Jahren erinnert. Die Gedenkfeiern stehen im Zeichen der Versöhnung mit der Vergangenheit: Erstmalig werden auch der deutsche Bundespräsident Roman Herzog und Bundeskanzler Helmut Kohl zu den Feiern der Siegermächte eingeladen.

8. Mai 1995
50 Jahre Kriegsende

Ich erinnere mich noch gut an das Kriegsende, ich war in Schongau, wo mich die Amerikaner in Kriegsgefangenschaft genommen haben. Harte drei Wochen, bis mich die Amerikaner am 1. Juli 1945* zum »Assistant Landrat«

* Es wurde schon mal behauptet, die Amis hätten mich während meiner Kriegsgefangenschaft in eine Speisekammer gesperrt. Das ist nicht richtig. Es war ein amerikanisches Waffenlager, in dem ich mir dir Grundkenntnisse für mein späteres Amt als Verteidigungsminister angeeignet habe.

gemacht haben. Ich musste ihnen allerdings erst erklären, dass »Landrat« nicht die englische Übersetzung des deutschen Worts »Landratte« ist, ihr Englisch war leider nicht besonders gut.

12.5.1995: Bei der »Biergartenrevolution« gehen, von Münchner Medien, Brauereien und Lokalpolitikern organisiert, rund 25 000 Münchner bei einer Demonstration zum Erhalt der Biergartenkultur auf die Straße. Ausgelöst wurden die Proteste durch ein Urteil des Bayerischen Verwaltungsgerichtshofs, der zum Schutz der Anwohner vor Lärm ein Vorziehen der Sperrstunde im Biergarten der Waldwirtschaft bei Pullach auf 21.30 Uhr angeordnet hatte.

12. Mai 1995
Bayern, deine Revolutionen

Oh mei, Bayern und Revolutionen … da ließe sich viel sagen darüber. Die einen sagen wie der Oskar Maria Graf »Machma a Revolution, damit a Ruah is«, die anderen machen eine, damit KEINE Ruah sein muss, im Biergarten nach 22 Uhr abends. Und wenn so ein Promi-Biergarten in Großhesselohe um halb zehn zumachen muss, gehen die Leute auf die Barrikaden, und die Presse schreibt von Biergartenrevolution, bis die Staatsregierung die Sperrstunde für Biergärten bis 23 Uhr verlängert. Das ist meines Wissens die einzige Revolution, die von der Bayerischen Staatsregierung per Verordnung beendet wurde.

23.6.1995: Das Reichstagsgebäude in Berlin wird nach den Plänen der Künstler Christo und Jeanne Claude verhüllt. Die Kunstaktion, die bis zum 6. Juli dauert, entwickelt sich zu einer Publikumsattraktion und wird von etwa 5 Millionen Menschen besucht.

23. Juni 1995
Verhüllung des Reichstags

Gute Idee! Aber dann bitte diesen Preußenbau auch verhüllt lassen und mit Bundestag und der Regierung in Bonn bleiben.

10.8.1995: Das Bundesverfassungsgericht erklärt das bayerische Schulrecht in jenem Passus, der die Anbringung eines Kreuzes in jedem Grundschul-Klassenzimmer anordnet, für verfassungswidrig.

10. August 1995
Kruzifix, was für ein Beschluss!

Also, diesem Bundesverfassungsgericht fällt auch nichts Gescheites mehr ein. In Bayern Kruzifixe aus den Klassenzimmern verbannen, das wäre ja genauso, als würde man den Regen aus England verbannen oder Kampfstiere aus Spanien.
Der Wehner schöpft schon Hoffnung, ob man so etwas hier oben auch durchsetzen könne. Wo kämen wir denn da hin, fragt er, wenn jede Firma im Klassenzimmer Werbeprospekte aufhängen dürfte?

Joseph Ratzinger und ICH haben bereits in den siebziger Jahren in weiser Voraussicht eine würdige Aufbewahrungsbox für abgehängte Kruzifixe entwickelt.

1996

10.1.1996: Bei einer Hausdurchsuchung im Haus von Max Strauß wird ein Laptop sichergestellt, dessen Festplatte vor kurzem von einem Virus befallen wurde und nicht wieder rekonstruiert werden kann.

10. Januar 1996
Hausdurchsuchung beim Max

Das ist ja eine bodenlose Frechheit, meinem Max so einfach mir nichts, dir nichts das Haus zu durchsuchen! Kaum ist man ein paar Jahre tot, meint diese unverschämte Bürokratenbrut sich alles erlauben zu können. Wenigstens haben sie offenbar noch so viel Anstand besessen, ihren Besuch vorher anzumelden. Trotzdem kommt es für meinen armen Buben im Moment knüppeldick: Erst vor wenigen Tagen hat ihm ein hundsgemeiner Computervirus die Festplatte gelöscht,* und jetzt fragen sie ihm Löcher in den Bauch wegen eines ominösen »Maxwell-Kontos«, wo es doch durchaus im Bereich des Möglichen liegt, dass sich hinter dem Namen »Maxwell« nur ein gewisser Max Well verbergen kann, der verschollene vierte Musikerbruder in dieser ungewaschenen Krakeeler- und Gammlerkapelle »Biermösl Blosn«.

* Wahrscheinlich ein am 6. Januar aktivierter »Heilig-Drei-König-Virus«, vgl. meinen Eintrag vom 6. März 1992.

16.4.1996: Nach 14-jährigem Verbot wird in Deutschland der Hanfanbau wieder erlaubt. Der Gehalt des Cannabis-Wirkstoffs Tetrahydrocannabinol darf allerdings nicht höher als 0,3 Prozent liegen.

16. April 1996
Wie viel THC kommt in die Tüte?

Na endlich! Wir haben in der CSU längst schon geheime Selbstversuche zu der Frage angestellt, was eine höhere Konzentration von THC für Auswirkungen auf den menschlichen Organismus hat. Herausgekommen ist der Kreuther Trennungsbeschluss vom 19. November 1976, den wir natürlich sofort zurückgenommen haben, als wir wieder klar denken konnten.

Don't bogart that joint, Franz Josef.

28.8.1996: Nach 15 Jahren Ehe wird das britische Thronfolgerpaar Charles und Diana in London geschieden.

28. August 1996

Aus, Äpfel, Amen

Ich fürchte fast, Diana hat sich 1987 bei ihrem Besuch in München von meiner Monika die Adresse von ihrem Schneider geben lassen ... solche Klamotten hält auf die Dauer auch die beste Ehe nicht aus.

13.12.1996: Auf dem EU-Gipfel in Dublin werden die Ergebnisse eines Design-Wettbewerbs für die neuen Euroscheine vorgestellt.

13. Dezember 1996
Über sieben Brücken ...

De gustibus non est disputandum ...
Und wer hat den Wettbewerb um die Gestaltung der Euro-Scheine gewonnen? Ein Österreicher! Jetzt wundert mich nicht mehr, dass die Scheine mich an die unfertigen Skizzen eines mäßig begabten Postkartenmalers erinnern.

Vorne schaun sie aus wie ein Ausschneidebogen für Modelleisenbahnhäuser und hinten wie ein Lexikon für Brückenbauer. Da schlafen einem doch die Füße ein! Wer will denn so was in seinem Geldbeutel haben, geschweige denn im Schwarzgeldtresor?

Schade, dass ich als Banknotengestalter nicht mehr zur Verfügung stehe, ich hätte denen schon gezeigt, wie man das macht. Hier sieht man einen 100-Mark-Schein, den ich seinerzeit für die Bayerische Landesbank entworfen habe für den Fall, dass sich Franken, Schwaben und Altbayern dereinst zu einer Währungsunion zusammenschließen.

Aber was haben die stattdessen gemacht? Sie haben mich auf ein 2-Mark-Stück geprägt. Das war auch so eine Perfidie von diesem Helmut Kohl.

Mich auf eine Münze zu prägen ist doch schon ein Widerspruch in sich, wo ich mich mein ganzes Leben lang nur für Scheine interessiert habe.* Es mussten ja nicht immer West-Mark sein. Wie ich 1983 mit diesem Schalck-Golodkowski** bei mir zu Hause den ersten Milliardenkredit für die DDR eingefädelt habe, da habe ich jeden einzelnen Ostmark-Schein aus dem Kredit handsigniert.

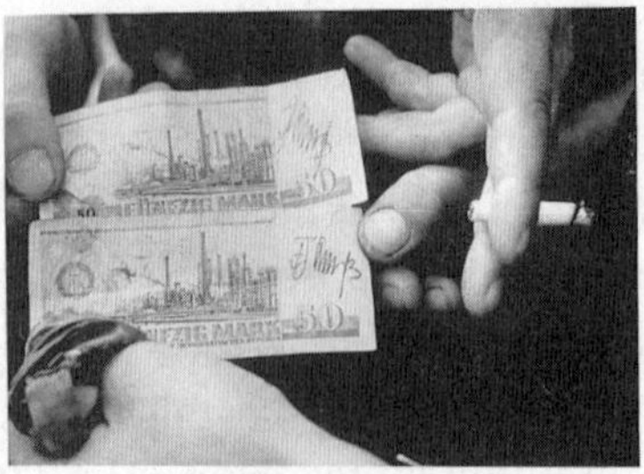

Das war noch eine kreative Währungsgestaltung. Da war auf den Geldscheinen noch was zu sehen. Aber bei diesem Euro? Wie heißt es in der Begründung der Jury? Brücken, Fenster, Tore? »Die auf der Vorderseite der Banknoten abgebildeten Fenster und Tore symbolisieren den Geist der Offenheit und der Zusammenarbeit.«
Was will ich denn mit einem Fenster und einem Tor auf einem Geldschein? Wenn es schon ein Tor sein muss, dann hätte es doch weiß Gott andere Motive für die Euro-

* Trotzdem kann ich jedem nur empfehlen, sich sein Vermögen in diese Münze umwechseln zu lassen. Wenn die D-Mark einmal Geschichte ist, wird sie bei Sammlern mit Sicherheit Spitzenpreise erzielen, werden doch Münzen, die den weitaus weniger bedeutenden römischen Kaiser Augustus zeigen, heute für das Tausendfache ihres ursprünglichen Wertes gehandelt.

** Anmerkung: Dass mir der Schalck-Golodkowski, diese kugelrunde Koko-Nuss, den Kühlschrank leer gefressen und gesoffen hat, bloß weil der voller »Westwaren« war, sei hier nur am Rande erwähnt. »So was ham wer driebn nich«, hat er nach jedem zweiten Bissen gesagt. Das kann schon sein, aber ICH habe danach auch nichts mehr gehabt.

Scheine gegeben – einen, der an diesem Euro beteiligt war, zum Beispiel: den Theo Waigel, den »Vater des Euro«. Den sollten sie drauftun, auf jeden Euroschein, dann wüssten die Leute: »Das ist der Tor, dem wir das alles zu verdanken haben.«

Aber man muss fair bleiben. In der Ausschreibung hat es geheißen, die Scheine sollen »eine kulturelle und politische Aussage enthalten, die alle Europäer anspricht«. Kann es sein, dass ganz Europa auf halb fertigen Häusern und leeren Brücken steht?

Oder steckt da mehr dahinter? Sieben Geldscheine, sieben Brücken … da klingelt's doch bei mir. »Über sieben Brücken musst du geh'n« … war das nicht so ein Lied von einer DDR-Band, das mir der Schalck-Golodkowski immer vorgespielt hat? Wie ging der Text gleich noch mal? »Manchmal geh ich meine Straße ohne Glück« – da haben wir's doch schon! Wenn sich das mal nicht als verstecktes Menetekel für die Zukunft dieses Euros herausstellt.

1997

22.1.1997: Nachdem sicher ist, dass ein im Dezember in Brakel/Nordrhein-Westfalen verendetes Galloway-Rind an der Rinderkrankheit BSE litt, beschließen Bund und Länder die Notschlachtung aller 5200 aus Großbritannien und der Schweiz importierten Rinder.

22. Januar 1997
Verrückte Kühe

Also eine Krankheit, bei der man sich zuerst im Kreis dreht und dann umfällt, ist in Deutschland so neu nicht – die kann man seit 30 Jahren bei der FDP beobachten.
Aber ich habe ja schon immer gesagt, dass in der FDP nur Rindviecher sind.

23.2.1997: In Edinburgh teilen Gentechnik-Experten des Roslin Instituts mit, dass sie erstmals ein erwachsenes Säugetier geklont haben. Das erzeugte »Kopy« ist das bereits sieben Monate alte Schaf »Dolly«.

23. Februar 1997
Schafe klont man, Strauße nicht

Es mag ja der Wissenschaft ganz neue Perspektiven aufzeigen, dieses Klonschaf da in Edinburgh, aber dass es das erste erwachsene Säugetier ist, das geklont wurde, ist nicht korrekt. Das bin nämlich immer noch ICH: In meiner Partei finden seit meinem Abgang vor acht Jahren immer wieder verzweifelte Versuche statt, MICH zu klonen. Leider mit nur sehr mäßigem Erfolg. Bisher sind lediglich der Klonpolitiker Edmund und der Schafskopf Waigel rausgekommen.

8.3.1997: Auf seinem ersten Bundeskongress in Hamburg fordert der 1996 gegründete Verein »Dicke e.V.« ein Ende der Diskriminierung von Molligen.

8. März 1997
Aussitzer e.V.

Dachte zuerst, dass da der Dicke aus Oggersheim selber dahintersteckt ... aber der gründet vielleicht eher den Verein Kanzler e.V. gegen die Diskriminierung von Aussitzern.

26.4.1997: Die Rede, die der Bundespräsident Roman Herzog (CDU) im Berliner Hotel Adlon hält, wird wegen der von Herzog gewählten Formulierung »durch Deutschland muss ein Ruck gehen« von der Presse als »Ruck-Rede« bezeichnet.

26. April 1997
Ein Ruck

So, so, eine »Ruck-Rede«! Bei mir waren alle Reden Ruck-Reden, denn wenn mich einer dabei unterbrochen hat, bin ich mit dem »gehörig zammg'ruckt«, wie man auf Bairisch so schön sagt.
Und außerdem hat der Herzog ja eh nur Binsenweisheiten verzapft. Es ist ja klar, dass ein Ruck durch Deutschland gehen muss, schließlich hockt ja dieser Pfälzer Politsaumagen Kohl seit 15 Jahren bleischwer auf dem Land.* Wenn der sich auch nur einen Millimeter bewegen soll, braucht es einen sauberen Ruck, und da kann der Herzog nur hoffen, dass das kein Linksruck wird.

* Wehner hat das in seinem sozialdemokratischen Arbeiterklassenjargon sehr treffend formuliert: »Quatsch keinen Roman, Roman, gib dir einen Ruck, du alter Ruck-Sack, und sag einfach: Der Dicke muss weg!«

28.6.1997: Mit einem der größten Skandale in der Geschichte des Boxens endet der Revanche-Kampf zwischen Evander Holyfield und Mike Tyson in Las Vegas. In der dritten Runde beißt Tyson seinen Gegner zweimal ins Ohr und wird daraufhin disqualifiziert.

28. Juni 1997
Heiße Ohren

Das erinnert mich an meine Auseinandersetzungen mit Wehner, der hat mir früher im Bundestag auch oft ein Ohr abgekaut.* Der BR-Chefredakteur, Wolf Feller, hat es mir dann zum Glück immer wieder hingeredet.

17.7.1997: Die in Bolivien identifizierten sterblichen Überreste des Revolutionshelden Ernesto »Che« Guevara, der 1967 in den Anden vom bolivianischen Militär erschossen wurde, werden auf Kuba in einem Mausoleum in der Stadt Santa Clara beigesetzt.

17. Juli 1997
Che zieht um

Che Guevara, der da irgendwo hinter Wehners Wolke in einer Art Baumhaus wohnt, war heut den ganzen Tag nicht da. War Tagesgespräch, dass er heute von Bolivien nach Havanna umgebettet wird, da wollte er nicht fehlen. Ich habe seine Abwesenheit genutzt und seine T-Shirts mit FJS-Aufklebern vollgepappt.

* »Was heißt hier abgekaut?«, schimpft Wehner. »Einen Satz heiße Ohren hab ich ihm verpasst!«

31.8.1997: Diana stirbt nach einem Autounfall in Paris. Offenbar war der Wagen auf der Flucht vor Journalisten mit überhöhter Geschwindigkeit gefahren, und der Fahrer, der unter dem Einfluss von Alkohol und Medikamenten stand, hatte die Kontrolle über den Mercedes verloren.

31. August 1997
Hoher Besuch

Heute geht es hier oben drunter und drüber. Die Engel fliegen wild durcheinander, tuscheln wie die kleinen Kinder und verteilen kleine britische Fähnchen. Als ich frage, was denn los sei, sagt mir ein aufgeregter Cherub, ob ich denn nicht wisse, dass heute SIE kommt, direkt aus Paris. »Wer ist diese ›sie‹?«, herrsche ich das Büberl an. »Na, Prinzessin Diana!«
Oh mei! Und deswegen fliegen die alle auf dem Kopf! Sogar der Wehner ist hingegangen, um sich ein Autogramm zu holen! Ich bleibe natürlich hier und warte, bis sie zu mir kommt und ein Autogramm von mir will.

Bereits bei ihrem Besuch in München 1987 hat mich die britische Thronfolgergattin um ein Autogramm auf einer Serviette gebeten, war dann aber zu verschämt, um es wirklich anzunehmen.

1998

16.1.1998: Der Bundestag beschließt eine Grundgesetzänderung zur Einführung der akustischen Überwachung von Wohnungen, den sogenannten Großen Lauschangriff. Davon sind allerdings bestimmte Berufsgruppen ausgenommen.

16. Januar 1998
Lauschige Gesetzesänderung

Großer Lauschangriff! Dass ich nicht lache! Das ist ja nicht einmal ein kleiner Lauschangriff, wenn die Geistliche, Anwälte, Ärzte und Journalisten nicht abhören dürfen. Ausgerechnet Journalisten! Grade bei denen wäre es oft am nötigsten! Ich erinnere nur an diesen Rudolf Augstein vom »Spiegel« seinerzeit. Wenn wir den abhören hätten dürfen, hätte der nie mehr aus seinem Abgrund von Landesverrat herausklettern können.

26.2.1998: In Bremen gewinnt der Schlagersänger Guildo Horn mit seiner Band »Die orthopädischen Strümpfe« und dem Lied »Guildo hat Euch lieb« die deutsche Vorentscheidung für den »Grand Prix d'Eurovision de la Chanson«.

26. Februar 1998
That's Entertainment

Du meine Güte, wie schaut denn der aus?* Wenn man solche Vogelscheuchen zum Grand Prix schickt, dann darf man sich nicht wundern, wenn Deutschland dort wieder keinen Blumentopf gewinnt.

* Ein Alleinunterhalter, der zeit seines Lebens nur den allervordersten Rang belegte, sieht so aus:

»Schön, schön war die Zeit ...«

7.3.1998: Die Grünen plädieren in ihrem Wahlprogramm für eine Anhebung des Benzinpreises auf fünf D-Mark pro Liter im Verlauf der nächsten zehn Jahre.

7. März 1998
Grüne für 5 Mark pro Liter Sprit

Ich verstehe die Aufregung nicht! Ist doch egal, wie viel der Sprit kostet, Hauptsache, das Flugbenzin bleibt billig!

10.3.1998: Durch einen Wutausbruch bei einer Pressekonferenz wird der italienische Trainer des FC Bayern München, Giovanni Trapattoni, zu einer Kultfigur. Die Beurteilung seiner Profispieler als »schwach wie eine Flasche leer« und der Abschluss seiner Rede mit »Ich habe fertig« werden zu geflügelten Worten.

10. März 1998
Was erlaube Wehner?

Weit ist es gekommen! Da wird ein Italiener in Deutschland zur Kultfigur, nur weil er in seinem Italo-Kauderwelsch die Spieler des FC Bayern beschimpft. Der Trapattoni hätte doch bloß in alten Redemanuskripten von MIR* nachlesen müssen, da hätte er despektierliche Begriffe genug für ein halbes Dutzend Mannschaften von diesem zu einer faulen Millionärstruppe verkommenen FC Bayern gefunden.

* Oder in Bundestagsprotokollen nach seinen Zwischenrufen suchen, meint der Wehner, aber davon kann ich nur abraten: Wehner ist keine Kultfigur.

20.4.1998: Die terroristische Rote Armee Fraktion (RAF) erklärt fast 28 Jahre nach ihrer Gründung in einem Schreiben an die britische Nachrichtenagentur Reuters ihre Auflösung.

24. April 1998
So geht das nicht

Was ist bloß mit den Linken los? Erst demontiert sich die DDR, dann wanzt sich die SPD bei der Wirtschaft an, und jetzt macht auch noch die RAF den Laden dicht – ja wo soll man denn da noch ein Feindbild hernehmen? Muss unbedingt mit Wehner reden. So geht das nicht!

14.5.1998: Frank Sinatra stirbt im Alter von 82 Jahren in Los Angeles.

14. Mai 1998
New York, New York

Ich hab's fast befürchtet, seit der Frank Sinatra hier oben ist, tönt es den ganzen Tag von Wolke sieben herüber: »New York, New York«. Der soll mich mit meiner Vergangenheit in Ruhe lassen!
Ich habe mich schon bei der OHL ganz oben beschwert, aber die können da nichts machen. Frankie Boy besteht darauf: »I do it my way!«

27.9.1998: Regierungswechsel in Deutschland und das Ende der 16 Jahre dauernden Ära Kohl. Neuer Kanzler einer rot-grünen Regierung ist Gerhard Schröder (SPD).

27. September 1998
Rot-Kohl

Endlich! Nach 16 unendlich zähen Jahren ist dieser Pattexhintern Kohl abgewählt worden. Anscheinend hat es jetzt auch der letzte Deutsche kapiert, dass das Bundeskanzleramt nicht ein Endlager für gegen alle politischen Unwetter durchimprägnierte Dauerkanzler ist. Hätte nicht geglaubt, dass ich seine Abwahl noch erleben würde … na ja, wenn man's genau nimmt, dann hab ich es ja auch nicht.
Allerdings scheint dieser Schröder um keinen Deut besser zu sein. So wie der mit der Wirtschaft flirtet, würde ich ihn am liebsten einen »Rot-Kohl« nennen, wenn der bei uns in Bayern nicht »Blaukraut« hieße.

PS: Was Wehner drüben auf seiner Wolke zu diesem Rechtsruck seiner Partei sagt, ist nicht zitierfähig.

1999

10.1.1999: Die CDU-Spitze beschließt, unter dem Motto »Ja zur Integration – nein zur doppelten Staatsbürgerschaft« eine Unterschriftenaktion gegen die von der Regierungskoalition geplante doppelte Staatsbürgerschaft für in Deutschland auf Dauer lebende Ausländer durchzuführen. Der Hessen-CDU gibt die Aktion Rückenwind für die bevorstehende Landtagswahl.

10. Januar 1999
Doppelt hält schlechter

Ich habe ja weiß Gott nichts dagegen, wenn man Unterschriften sammelt, zum Beispiel auf Schecks, aber muss man jetzt wegen der doppelten Staatsbürgerschaft wirklich auf die Straße gehen und die Bürger mit irgendwelchen Listen belästigen?
Ich persönlich hätte mir zu meinen Lebzeiten durchaus doppelte Staatsbürgerschaften vorstellen können – für MICH. Gerne auch Drei- und Vierfach-Staatsbürgerschaften, ich hätte jederzeit – und gleichzeitig – Bürger von Togo, Albanien, Saudi-Arabien und der Volksrepublik China werden können.
Nur bei einem würde bei mir mit der doppelten Staatsbürgerschaft schnell Schluss sein: wenn dieser politische Verbalrocker Roland Koch, der diese alberne Unterschriftenaktion vom Zaun gebrochen hat, auf die Idee käme, als Hesse die bayerische Staatsbürgerschaft zu beantragen. Dagegen würde selbst ich unterschreiben.

16.1.1999: Theo Waigel übergibt auch den Parteivorsitz an Ministerpräsident Stoiber.

16. Januar 1999
Edmund, der Alleinherrscher

Jetzt hat der Stoiber auch noch den Parteivorsitz an sich gerissen, das grenzt ja langsam an Größenwahn! Meint der denn tatsächlich, er könnte damit in meine Fußstapfen treten, dieser Wicht? Wenn die Allmacht in Bayern nach Wolfratshausen geht, dann ist der Niedergang nicht mehr aufzuhalten. Sonnenkönig Edmund der Erste, von dem es nicht heißt: »Der Staat bin ich«, sondern: »Der Bürokrat bin ich.« Eine neue Form des Absolutismus bricht sich hier Bahn: die absolute Mittelmäßigkeit.

20.4.1999: Schon wieder eine neue Fassung der Bayerischen Biergartenverordnung. Darin werden traditionelle Biergärten definiert, deren Charakter durch den Ausschank unter Bäumen geprägt ist und in denen Gäste ihre Speisen selbst mitbringen dürfen und nur die Getränke vor Ort erwerben müssen. Für diese traditionellen Biergärten wird die Sperrstunde auf 23.00 Uhr erweitert und werden neue Lärmgrenzwerte fünf Dezibel über dem allgemeinen Grenzwert ihrer Umgebung festgesetzt, womit die Biergärten Sportstätten gleichgestellt werden.

20. April 1999
Trinksportstätten

Biergärten als Sportstätten, warum nicht?
Da gibt's halt dann das Mannschafts-Wirkungssaufen der Herren, die Europameisterschaft im Schöntrinken von Biergarten-Haserln und den modernen Vierkampf um den Goldenen Masskrug der Münchner Brauereien mit den Disziplinen Saufen, Grölen, Autotüren-Zuschlagen und Führerschein-Abgeben.

7.10.1999: Gäbe es die DDR noch, würde sie ihren Jahrestag feiern.

7. Oktober 1999
Echte VEB-Ware

Konnte nicht verhindern, mit Honecker heute den 50. Geburtstag der DDR zu feiern. Seit Tagen denkt der an nichts anderes, hat sich von unten irgendwie zwei Flaschen pappsüßen Rotkäppchen-Sekt (»Dos is noch äschte FauÄBä-Woore«) und ein Glas mit Spreewaldgurken organisiert (»Also, wenn ma wos konndn in dr DDR, dann das!«) und mich genötigt, mit ihm »Auferstanden aus Ruinen« zu singen.

Ich habe behauptet, ich könne den Text nicht. »Schade, dass der Schalck noch nicht hier ist«, hat der Honecker immer wieder gesagt. »Wieso nicht?«, hab ich zurückgefragt. »Der sitzt Ihnen doch im Nacken.«*

Schon nach der ersten Flasche war Honecker ganz schön beschwipst und hat angefangen, Arbeiterlieder zu singen und vorbeifliegende Engel mit dem Orden »Banner der Arbeit« auszuzeichnen. Schließlich hat er mir auch noch das Du angeboten, mich beiseitegenommen und gefragt: »Mensch, Franz Josef, überleg doch mal, du bist doch so'n pfiffiger Typ … willste nich zu uns kommen? Willste nich in die Sozialistische Engelspartei Droben (SED) eintreten? Ich könnte dir die Mitgliedsnummer zwei anbieten.«

Wehner, der alte Fuchs, hat das wohl schon geahnt und sich natürlich verdünnisiert. Er hat mir eine Grußbotschaft an Honecker dagelassen, die ich aber nicht verlesen habe. Das mit der Partei kann ich mir bis morgen überlegen, sagt der Erich. Ich bin dann ins Bett gegangen.

* Im Gegensatz zu mir hat Erich einen Nacken.

Nachtrag: Wehner kam am Schluss doch noch und hat gleich die zweite Flasche aufgemacht. Der hat früher auch mehr vertragen, er und Honecker sind ganz schön blau.

Nachtrag 2: Kann nicht schlafen. Die beiden feiern immer noch. Wehner tönt »Brüder, zur Sonne, zur Freiheit«, und Honecker singt ständig dazwischen: »Die Partei, die Partei, die hat immer recht!« – den muss ich morgen mal fragen, ob er insgeheim CSU-Mitglied war.

5.11.1999: Der wegen Verdachts der Steuerhinterziehung von der Augsburger Staatsanwaltschaft mit Haftbefehl gesuchte frühere CDU-Schatzmeister Walther Leisler Kiep stellt sich der Justiz. Er erklärt, eine ihm am 26. August 1991 von Karlheinz Schreiber in einem Koffer in der Schweiz übergebene Summe von einer Million D-Mark in bar sei als Parteispende an die CDU gegangen.
6.11.1999: Der ehemalige CDU-Parteivorsitzende Helmut Kohl versichert, er habe keine Kenntnis von einer Spende, wie sie der frühere Schatzmeister am Vortag der Justiz beschrieben hat.

6. November 1999
Kohl und Kiep

Da schau her! Die CDU! Hätte man der gar nicht zugetraut: schwarze Kassen, eine Million in bar in einem Koffer, den der Karlheinz Schreiber auf einem Parkplatz in der Schweiz dem Kiep übergibt. Respekt. Das sind ja Geschäfterl, da könnten sogar wir in der CSU noch was lernen.
Aber dass der Kiep sich jetzt freiwillig den Behörden stellt, halte ich für einen Fehler. Das sieht mir doch sehr nach Bauernopfer aus, auch wenn es ein Herrenreiter ist, der da von seinem hohen Ross steigt.
Und der Ahnungslose aus Oggersheim hat natürlich nicht den leisesten Schimmer, was sein eigener Schatzmeister da getrieben hat. Wahrscheinlich ist dem Kanzler der Einheit vor lauter Milliardentransfers in seine blühenden Landschaften im Osten eine Million mehr oder weniger in der eigenen Kasse nicht weiter aufgefallen.

31.12.1999: Überall wird mit großen Veranstaltungen die Jahrtausendwende gefeiert, obwohl diese erst nach Vollendung des Jahres 2000 - also am 1.1.2001 - ansteht.

Silvester 1999 – Ein Feuerwerk der Dummheit

Jetzt feiern die Trottel überall in Europa schon die Jahrtausendwende – dabei fängt das 21. Jahrhundert nun mal erst am 1.1. 2001 an – DANN kann man vielleicht rückschauend schreiben: Es war das Jahrtausend von Franz Josef Strauß.

2000

1.1.2000: Die Angst vor einem Computer-Chaos durch den Wechsel ins Jahr 2000 hat sich vorerst als unbegründet erwiesen. Weltweit werden keine nennenswerten Probleme registriert.

1. Januar 2000
Wo bleibt das Computerchaos?

Das kommt davon, wenn Leute, die nicht bis drei zählen können, sich mit Maschinen beschäftigen, die gerade mal Einser und Nullen verstehen.

9.3.2000: Helmut Kohl präsentiert eine Liste mit rund 30 Personen, die der CDU insgesamt sechs Millionen D-Mark spenden wollen, um die Strafgelder für Kohls illegale Finanzpraktiken zu decken.

9. März 2000
Rekordverdächtig

Was fällt dem Helmut Kohl denn noch alles ein? Da gibt der doch glatt öffentlich eine Liste mit seinen Unterstützern raus! Die kann er ja gleich ans Guinnessbuch der Rekorde weitergeben als Grundlage für den Eintrag: die dreißig dümmsten Deutschen aller Zeiten …

7.11.2000: George W. Bush wird in einer knappen Entscheidung zum 43. Präsidenten der USA gewählt

7. November 2000
Defekte Wahlmaschinen

Eine Entscheidung um Haaresbreite soll's gewesen sein, ein »Fotofinish« für den Bush! Und jetzt mutmaßen sie drüben in den USA, dass er nun wegen defekter »Votomatic«-Wahlmaschinen in Florida gewonnen hat. Ein Alptraum! Aber noch schlimmer wäre es, wenn unsere bayerischen Wahlmaschinen, all die alten Mutterl, die ihr Lebtag lang automatisch ihr Kreuzerl bei der CSU machen, eines Tages defekt würden. Wäre das das Ende der CSU?

2001

2.1.2001: Zum ersten Mal dürfen Frauen in der Bundeswehr Dienst an der Waffe tun. Die Elektronikerin Tanja Kreil hatte vor dem Europäischen Gerichtshof das Recht der Frauen auf Teilnahme an Kampfeinsätzen erstritten. Der Bundestag änderte daraufhin mit der erforderlichen Zweidrittelmehrheit das Grundgesetz.

2. Januar 2001
Das Heimchen an der Waffe

Das mag was werden, wenn Deutschland jemals wieder in einen Kampfeinsatz muss! Vom Kalten Krieg in den Zickenkrieg. Wenn sich die Frauen schon jetzt so darum prügeln, endlich ein Gewehr in die Hand zu kriegen, dann kann man bald das Verteidigungsministerium mit dem Familienministerium zusammenlegen.

ICH habe bereits in den sechziger Jahren einen Feldversuch mit Frauen an der Waffe gestartet. Leider waren die Bewerberinnen rein körperlich nicht in der Lage, die damals noch als Standardwaffe verwendete Armbrust zu spannen. Hätte es zu dieser Zeit schon Frauen-Fitness-Studios gegeben, hätte die Sache wohl anders ausgesehen.

23.1.2001: CDU-Generalsekretär Laurenz Meyer stellt das sogenannte Fahndungsplakat von Gerhard Schröder vor, das aufgrund starker öffentlicher Proteste wieder zurückgenommen wird.

23. Januar 2001
Fahndung nach Schröder

Ach Gott, jetzt haben sie den Schröder halt wie einen Schwerverbrecher abgebildet. Na und? Er ist ja selber nun wirklich keiner, der seine Gegner mit Glacéhandschuhen anfasst. Und was soll da erst ich sagen? Mir haben sie doch im Wahlkampf 1980, wo die halbe Nation mit einem »Stoppt Strauß«-Button rumgelaufen ist, die schlimmsten Dinge auf die Wahlplakate geschmiert, Teufelshörner und Hitlerbärtchen waren da noch das Harmloseste.

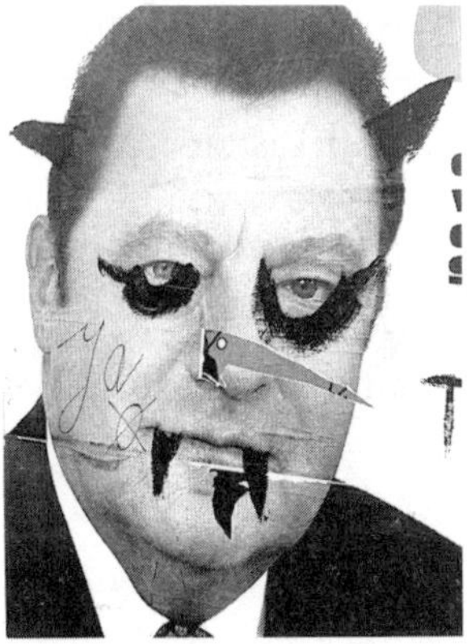

Nicht einmal hier ist man vor solchen optischen Diffamierungen sicher – das hier habe ich vor ein paar Tagen auf meiner Wolke gefunden.

Schließlich heißt es ja auch WahlKAMPF und nicht wahlvorbereitendes Anti-Aggressionstraining mit gemeinsamem Händchenhalten und gegenseitigen Empathiebekundungen.

23.01.2001: Bayerns Verbraucherschutzministerin Barbara Stamm (CSU) tritt zurück. Sie zieht damit die Konsequenzen aus Vorwürfen im Zusammenhang mit der BSE-Krise und dem Schweinemast-Skandal.

23. Januar 2001
So geht man mit seiner Stammkundschaft nicht um

Langsam hat's der Stoiber aber genau beieinander! Jetzt jagt er wegen dieser wahnsinnig gewordenen Rindviecher die Barbara Stamm aus dem Amt! Wie kann man denn so instinktlos sein, mit der verliert die CSU doch jede Menge Stammwähler.*

Und wo ist das große Problem bei diesem BSE? Die Barbara muss ihren Hut nehmen, weil sie nichts dagegen unternommen hat, dass man tote Schafe ins Rinderfutter getan und damit aus pflanzenfressenden Kühen Fleischfresser gemacht hat. Aber das ist doch in Bayern ganz normal, aus Vegetariern Fleischfresser zu machen. Man muss sich ja bloß mal die Speisekarten in bayerischen Wirtshäusern anschauen.**

Man sägt doch nicht den Stamm ab, an den man sich stützt. Herrschaftszeiten.

* Konnte ich mir nicht verkneifen, diesen Witz.

** Und wenn ich nicht aus dem politischen Milchlamm Stoiber meinen ganz persönlichen Wadlbeißer gemacht hätte, wäre der heute niemals zum »blonden Fallbeil der CSU« geworden.

23.3.2001: Die russische Weltraumstation Mir verglüht nach 80 000 Erdumrundungen in der Atmosphäre.

23. März 2001
Mir san Mir

So, jetzt ist sie endlich verglüht, die russische MIR. Lange hat man drauf warten müssen. Aber damit ist sie angebrochen, die Stunde der bayerischen Raumfahrtindustrie. Sofort den Namen schützen lassen und dann rauf mit der ersten weißblauen Raumstation: Mir san Mir und Mir habn die »Mir«, so muaß' sei …

18.4.2001: Der US-amerikanische Unternehmer Dennis Anthony Tito fliegt als erster »Weltraumtourist« mit einer Sojus-Kapsel zur Internationalen Raumstation ISS. Tito bleibt sieben Tage und 22 Stunden im All und umkreist dabei 128 Mal die Erde.

18. April 2001
Rauf ins All

Da haben wir ihn auch schon, den ersten Anwendungszweck für unsere Raumstation »Mir«: In Bayern gäb's genügend Kandidaten, die man wenn nicht gleich zum Mond, doch wenigstens ins All schießen könnte – aber bitte ohne Rückfahrkarte!

16.7.2001: Beate Uhse, deutsche Unternehmerin, stirbt an einer Lungenentzündung.

16. Juli 2001
Willkommen, Beate

Honecker ist ganz aufgeregt: Beate Uhse ist tot. Er wartet schon seit Stunden an der Himmelspforte, um sie in Empfang zu nehmen. Wahrscheinlich will er sich bei ihr bedanken, schließlich waren ihre Filme im SED-Kader-Ghetto in Wandlitz neben Miele-Waschmaschinen und dreilagigem West-Klopapier die großen Statussymbole der DDR-Nomenklatur.
Trotzdem ruft Wehner ihm hinterher: »Genosse Honecker, was wuppelt denn bei Ihnen?«
Dieser Ton ist hier oben nicht angemessen.
Da merkt man, dass die beiden Sozialisten sind.

11.9.2001: Ein beispielloser Terrorakt erschüttert die Welt: Die beiden Türme des World Trade Center in New York werden durch von islamistischen Terroristen entführte Verkehrsflugzeuge zum Einsturz gebracht.

11. September 2001
9/11 – ein Rätsel

Seltsam. Jetzt haben diese verrückten islamistischen Terroristen in New York auf einen Schlag dreitausend Banker ausradiert, und bisher ist noch keiner hier oben angekommen.
Wehner und ich rätseln, was das zu bedeuten hat.

23.9.2001: Bei der Bürgerschaftswahl in Hamburg erzielt die Partei des Amtsrichters Ronald B. Schill 19,4 Prozent der Stimmen. Obwohl die CDU kräftige Einbußen hinnehmen muss, verfügt sie zusammen mit FDP und Schill-Partei über eine Mehrheit und kann den rot-grünen Senat ablösen.

23. September 2001
Ein »Schill«-erndes Wahlergebnis

Da kann man mal wieder exemplarisch beobachten, was 45 Jahre sozialdemokratische Herrschaft im Wahlvolk anrichten können. Da holt ein durchgeknallter Amtsrichter mit einem Programm, das er vom rechten Flügel der CSU abgeschrieben haben könnte, auf Anhieb 19,4 Prozent! Ich habe immer gesagt, rechts von der Union darf es keine Partei geben, deshalb habe ich den CSU-Flüchtling Franz Handlos auch 1983 Franz Hirnlos genannt. Das reicht bei diesem Schill bei weitem nicht. Diesen Richter Gnadenlos müsste man schon Ronald Bodenlos nennen. Es ist wirklich erschreckend, was für abstoßende Gestalten in den Kloaken dieser properen hanseatischen Kaufmannsstadt Hamburg herangewachsen sind.*

* Wehner verbittet sich diesen Ton gegenüber einer sozialdemokratischen Hochburg, bloß weil da mal ein rechtsradikaler »Tüffeltoffel« einen vorübergehenden Wahlerfolg gehabt hat. Na ja, schaun wir mal …

2002

1.1.2002: Mit der Ausgabe der Euro-Banknoten und Euro-Münzen in zwölf Ländern der Europäischen Union wird die 1999 begonnene Wirtschafts- und Währungsunion vollendet.

1. Januar 2002
Bei diesen Eltern

Jetzt ist er da, der Euro. Der Vater Theo Waigel, die Mutter unbekannt, das kann ja nur ein missratenes Früchtchen werden!

21.1.2002: Bayerns Ministerpräsident Stoiber erklärt in seiner Rede beim Neujahrsempfang in der Staatskanzlei, wie man in zehn Minuten vom Münchner Hauptbahnhof zum Flughafen Franz Josef Strauß gelangen könnte ...

21. Januar 2002
In zehn Minuten ...

Ja, um Gottes willen, was war denn das? Da unten, beim Neujahrsempfang der CSU? War das ein Riss im Raum-Zeit-Kontinuum, oder hat der Stoiber eine Rede gehalten?

Da wollte ich ihm im neuen Jahr einmal rhetorisch unter die Arme greifen und hab ihm im Traum ein Redemanuskript zukommen lassen, und was macht der Depp? Er liest die Stoffsammlung vor!

Wenn man dieses Gestopsel hört, wird einem eines schon nach ein paar Sekunden klar: Bis der Mann einem wirklich erklärt hat, wie man mit dem Transrapid zum Münchner

Flughafen kommt, wäre man zu Fuß schon drei Mal draußen gewesen.
Würde mich nicht wundern, wenn dieser logopädische Erguss einmal in die Annalen der Rhetorik* eingehen würde – als Beispiel dafür, wie man sich in einer Minute zum Thema »zehn Minuten« für alle Zeit um Kopf und Kragen reden kann.

20.3.2002: Das Bundeskabinett beschließt die Einführung des Dosenpfands: Ab 2003 werden mindestens 25 Cent auf jede Einwegflasche und jede Dose erhoben.

20. März 2002
Nur Flaschen kaufen Dosen

Richtig! Wer bayerisches Bier aus Dosen trinkt, der soll auch Pfand dafür bezahlen.
Was schreit der Wehner da von hinten?
»Vergessen Sie nicht die Flaschen! Wenn man jetzt auch für jede zurückgegebene Einwegflasche Geld kriegt, dann ist das derzeitige bayerische Kabinett ja eine wahre Goldgrube.«

* Originalton Edmund Stoiber (Wehner, der ja selbst ein begnadeter Redner war, hat's mitgeschrieben): »Sie steigen in den Hauptbahnhof ein, Sie fahren mit dem Transrapid in zehn Minuten an den Flughafen in … an den Flughafen Franz Josef Strauß.« Na, wenigstens hat er meinen Namen fehlerfrei rausbekommen!

18.7.2002: Bundeskanzler Gerhard Schröder entlässt Verteidigungsminister Rudolf Scharping. Als Gründe für seine Entlassung kurz vor der Bundestagswahl 2002 gelten die Hunzinger-Affäre und die Mallorca-Affäre, in der er sich für die Zeitschrift »Bunte« mit seiner Lebensgefährtin Kristina Gräfin Pilati-Borggreve im Swimmingpool ablichten ließ, während gleichzeitig die Bundeswehr unmittelbar vor einem Einsatz in Mazedonien stand.

18. Juli 2002
Planschbeckenpolitik

Das ist ja lächerlich, da bringt dieser Scharping in seiner vierjährigen Amtszeit gerade mal zwei läppische Affären zustande, und schon darf er aufhören! Als ich Verteidigungsminister war, hat man sich seine Entlassung aus dem Amt noch im Schweiße seines Angesichts hart erarbeiten müssen: Ich sage nur: HS-30-Affäre, Starfighter-Affäre, Fibag-Affäre, Onkel-Aloys-Affäre, »Spiegel«-Af-

Meine Planschbecken sahen da schon etwas anders aus: Hier stehe ich 1958 am »Swimming Pool« genannten Reaktorbecken des neuen Forschungsreaktors in Garching. Leider fand sich damals keine Gräfin, die mit mir hineingesprungen wäre.

färe, und dabei sind meine vielen kleinen verbalen Ausrutscher nicht mitgezählt.
Da hätte ich auch lieber mit einer schönen Gräfin im Swimmingpool auf Mallorca Unterseeboot gespielt.

22.9.2002: Bei der Bundestagswahl bleibt die SPD stärkste Partei. Dank der starken Gewinne von Bündnis 90/Die Grünen behält die rot-grüne Koalition ihre Mehrheit im Parlament. Die PDS erhält weniger als fünf Prozent der Stimmen und ist nur noch mit zwei direkt gewählten Abgeordneten vertreten.

22. September 2002
Der Kanzler hat Hochwasser

Da kann man mal wieder sehen, wen so ein Hochwasser alles nach oben spült. Einmal in Gummistiefeln durch den Oderbruch gewatet, und schon hat der Schröder wieder Oberwasser, der »Genosse der Bosse«, für dessen Wiederwahl doch noch vor zwei Wochen keiner einen Pfifferling gegeben hätte.
Aber der Stoiber ist schon auch selber schuld an seinem Wahldebakel.* Was muss der Trottel auch in Urlaub fahren, wenn daheim die Deiche brechen? Da planscht man doch nicht in der Nordsee, da paddelt man im Gummiboot auf den überfluteten Feldern rum.
Bei so viel politischer Instinktlosigkeit darf er sich nicht wundern, wenn er demnächst statt im Kanzleramt auf dem politischen Altenteil landet.

* Dabei wollte der Depp noch in der Wahlnacht ein »Gläschen Sekt AUFMACHEN«, was ja tief in die Stoibersche Auffassung von abendländischer Trinkkultur blicken lässt.

23.9.2002: Justizministerin Herta Däubler-Gmelin gehört dem neuen Kabinett von Gerhard Schröder nicht mehr an. Sie hatte in einer Diskussion US-Präsident Bush mit Adolf Hitler verglichen.

23. September 2002
Adolf Bush

Ich will jetzt hier wirklich nicht irgendwelche gspinnerten Sozialistinnen in Schutz nehmen, aber bei dieser Däubler-Gmelin-Geschichte muss man die Kirche schon im Dorf lassen. Was hat sie denn gesagt? »Bush will von seinen innenpolitischen Schwierigkeiten ablenken. Das ist eine beliebte Methode. Das hat auch Adolf Nazi schon gemacht.« Stimmt das denn etwa nicht? Oder hat's die Nazis am Ende nie gegeben?
Was ist dieses Land nur für ein kleinkariertes Mimosentreibhaus geworden, dass man wegen so einem Satz zurücktreten muss? Mich hat der Roider Jackl am Nockherberg 1957 noch mit Göring* verglichen, da haben wir uns auf die Schenkel geklopft und gesagt: Sauber derbleckt!

* »Unser Verteidigungsminister
geht jetzt schwer auseinand,
wenn er so weitermacht, passt ihm bald
am Göring sei' G'wand«
Das hat er gesungen, der Jakob Roider aus Weihmichl, und grad lustig war's.

2003

5.3.2003: Letzter politischer Aschermittwoch in der Passauer Nibelungenhalle

5. März 2003
Keine Nibelungentreue

Am Aschermittwoch ist alles vorbei, heißt es, und jetzt ist es MIT dem Aschermittwoch vorbei, wenigstens in der Nibelungenhalle.
Ein letztes Mal politischer Aschermittwoch der CSU in der Nibelungenhalle – und wer tritt auf? Edmund, der sprechende Leitz-Ordner, den ein unergründliches Schicksal zu meinem Nachfolger hat werden lassen. Du meine Güte, was für eine klägliche Verabschiedung von einem historischen Ort!
Jetzt wollen sich die pseudovisionären Passauer Stadtplaner austoben und haben eine »Neue Mitte« ausgelobt – ja was soll denn das? Haben sich die vom Helmut Kohl beraten lassen? Wozu brauchen die denn in Passau eine neue Mitte? ICH war immer die Mitte Bayerns, und da hätte es der Stadt Passau, in der ich einige meiner größten rednerischen Triumphe gefeiert habe, gut zu Gesicht gestanden, die Nibelungenhalle in Franz-Josef-Strauß-Halle umzubenennen und das Ganze als »historische Alte Mitte« unter Denkmalschutz zu stellen, aber von einer Stadt, die bis letztes Jahr einen SPD-Oberbürgermeister gehabt hat, kann man so viel Geschichtsbewusstsein halt nicht erwarten.

8.9.2003: Leni Riefenstahl, deutsche Filmregisseurin und Fotografin, stirbt im Alter von 101 Jahren in Pöcking am Starnberger See.

8. September 2003
Leni Riefenstahl kommt

Die hat mir hier grade noch gefehlt, der weibliche Steven Spielberg vom Reichsparteitagsgelände. Hoffentlich fängt sie hier oben jetzt nicht auch noch zu filmen an.* War wohl nicht länger unten zu halten. Sagt die doch zur Begrüßung glatt zu mir: »Mein Führer, Sie sind aber dick geworden.« Unverschämtes Weib.

* Honecker schreibt schon an einem Drehbuch für einen Propagandafilm, den sie für ihn drehen soll. Gut, dass die 1999 noch nicht hier war bei seiner 50-Jahr-Feier.

21.9.2003: Bei der Landtagswahl in Bayern erzielt Edmund Stoibers CSU mit 60,7 Prozent der Stimmen nicht nur die Zweidrittelmehrheit, sondern das beste Wahlergebnis in ihrer Geschichte.

21. September 2003
Flieg nicht zu hoch, mein kleiner Freund!

Das kann schon sein. Bestes Wahlergebnis. Zweidrittelmehrheit. Der Stoiber schwebt auf Wolke sieben, da muss man ja direkt Angst haben, dass er hier oben vorbeischaut in seinem Höhenflug.

Sein Wahltriumph in allen Ehren, aber die Frage ist doch: Bei welcher Wahlbeteiligung*? Und da schaut Stoibers Allzeithoch schon ganz anders aus. Ich hatte IMMER zwischen 70 und 80 Prozent Wahlbeteiligung, dagegen nehmen sich die mickrigen 57,1 Prozent von diesem Schmalspurtriumphator geradezu erbärmlich aus. Kann schon sein, dass der auf dem Papier das beste Ergebnis aller Zeiten eingefahren hat, dafür darf er sich auch gerne ein Gläschen Mineralwasser aufmachen, aber ICH hatte BEI DER WAHLBETEILIGUNG die Zweidrittelmehrheit, und die kann er mir bei allem Triumphgeschrei nicht mehr nehmen!

* Die Wahlbeteiligung, das weiß ein jeder, hängt ganz entscheidend vom Wahltermin ab. Vielleicht sollte es der Stoiber bei den nächsten Wahlen mal mit Silvester, eine Minute nach zwölf, probieren. Wenn alle anstoßen, macht er als Einziger sein Kreuz, dann hat er 100 Prozent und damit die Dreidrittelmehrheit.

14.12. 2003: Die USA geben die Festnahme des früheren irakischen Staatschefs Saddam Hussein in der Nähe seiner Heimatstadt Tikrit bekannt.

14. Dezember 2003
Saddam Hussein wird gefasst

Das ist mir ein sauberer Diktator, den man verdreckt aus einem Erdloch zieht! Hab's dem Honecker extra gezeigt: Da schau her, so kann man auch enden, wenn man als Staats- und Parteichef den Bogen überspannt hat. Da braucht er sich wirklich nicht dauernd beschweren, dagegen hat er ja noch einen würdigen Abgang gehabt, der alte Jammerlappen.

2004

21.1.2004: Nach massiver Kritik führender CSU-Politiker haben die Finanzbehörden in München die Pfändung der Gruft des langjährigen CSU-Vorsitzenden Franz Josef Strauß in Rott am Inn aufgehoben. Das Vorgehen stand im Zusammenhang mit den Steuerforderungen an Sohn Max Strauß.

21. Januar 2004
Kuckuck auf der Cheopspyramide

Sieh mal einer an, jetzt regen sich alle fürchterlich auf, Stoiber, Alois Glück und Konsorten, weil das Finanzamt meine Gruft pfänden wollte.

»Pietätlos«, »instinktlos«, »unerträglich« ... ja, wem unterstehen denn eigentlich die Beamten, die diese schlimmen Sachen machen? Aber so was kommt eben dabei heraus, wenn man die Finanzbehörden der direkten Kontrolle des Ministerpräsidenten entzieht.

Und eines muss man auch sagen: Diese Gruftpfändung hat auch durchaus ihre positiven Seiten, zeigt sie doch wieder einmal exemplarisch, was ICH noch für einen hohen posthumen politischen Marktwert habe: Schließlich würde kein Mensch auf die Idee kommen, einen Kuckuck auf das Leninmausoleum oder die Cheopspyramide zu kleben.

24.4.2004: Bei einem Referendum sprechen sich die griechischen Zyprer gegen eine Wiedervereinigung mit dem türkischen Nordteil der Insel aus. Somit wird nur der griechische Teil Mitglied der EU.

24. April 2004
Bloß nicht das Volk

Das kommt dabei raus, wenn man ein Volk fragt, ob es wiedervereinigt werden will.

5.5.2004: Pablo Picassos Gemälde »Junge mit Pfeife« ist das teuerste Bild der Welt. Es wird in New York für umgerechnet 85,7 Millionen Euro versteigert.

5. Mai 2004
Das kannst du in der Pfeife rauchen

Pfeifenraucher Wehner hat Oberwasser. Freudestrahlend berichtet er mir, dass grade Pablo Picassos Gemälde »Junge mit Pfeife« das teuerste Gemälde der Welt geworden ist.* Er will, dass ich das unverzüglich der OHL mitteile, weil er immer noch hofft, dass das strenge Rauchverbot im Himmel wenigstens an Sonntagen gelockert wird. Ich kann nur sagen: Da pfeif ich drauf!

Junge mit Pfeife, leider nicht von Picasso

* Natürlich kommt das nur daher, dass Picasso niemals ein Bild mit dem Titel »Mann ohne Hals« gemalt hat.

5.6.2004: Im Alter von 93 Jahren stirbt in Bel Air im Bundesstaat Kalifornien der ehemalige amerikanische Präsident Ronald Reagan.

6. Mai 2004
Ronald Reagan ist da!

Ronald Reagan kommt! Endlich mal ein Staatsmann von meinem Format. Ich habe sein Bild immer in meinem Arbeitszimmer im Prinz-Carl-Palais auf dem Schreibtisch stehen gehabt, als Erinnerung an meinen Staatsbesuch 1982 im Weißen Haus. Die leider etwas unleserliche Bildunterschrift lautet transkribiert und von MIR mit der nötigen Freiheit* ins Deutsche übersetzt:

Lieber Franz Josef, alles, was Amerika heute in der Welt darstellt, verdanken wir Dir und Deinem einzigartigen diplomatischen und wirtschaftlichen Geschick.
Deshalb nimm diese Osterglocken als Zeichen unserer Wertschätzung *Dein Ronald Reagan*

* Schon Voltaire erkannte: Übersetzungen sind entweder treu oder schön.

16.7.2004: In der »Süddeutschen Zeitung« wird Monika Hohlmeier beschuldigt, hinter der Münchner CSU-Affäre zu stecken.

16. Juli 2004
Meine Monika wird beschuldigt

Ja, wer soll denn sonst dahinterstecken? Von welchem Baum der Erkenntnis haben denn die genascht, um dann bei der uralten Binsenweisheit zu landen: Der Apfel fällt nicht weit vom Stamm?

Selbstverständlich steckt meine Monika dahinter, die ist ja schließlich nicht umsonst bei mir in die Schule gegangen. Und die Aufregung über diese sogenannte Münchner CSU-Affäre nimmt ja langsam hysterische Züge an. Was wäre denn so schlimm dran, wenn sie wirklich Stimmen gekauft hätte? Wir leben in einer Marktwirtschaft, da hat alles seinen Preis. Man muss ihn nur bezahlen können.

Manchmal muss man sich über dieses Journalistenpack wirklich wundern. Da fordern sie ständig mehr Privatwirtschaft, und wenn dann jemand Ernst damit macht, ist es auch wieder nicht recht.

Und diese Geschichte mit den Dossiers über gute Parteifreunde, die die Monika angeblich angelegt haben soll – also bitte: Das ist doch ganz normal, dass man als Chefin solche Aufzeichnungen über das Personal führt. Woher soll man denn sonst wissen, was man seinen Parteifreunden zum nächsten Geburtstag schenken kann? Mach das nicht, und du kannst darauf warten, dass diese Schlumpfjournalisten irgendwann einmal schreiben: Die weiß ja nicht einmal über ihre eigenen Parteifreunde Bescheid.

14.9.2004: In Bayern beginnt das achtstufige Gymnasium.

14. September 2004
Geh, acht

Heute wird das G8 eingeführt. Das achtstufige Gymnasium!* Und das auch noch von meiner Tochter Monika, die es eigentlich wirklich besser wissen müsste. Aber diesen Unsinn hat ihr dieser Wolfratshausener Weltverbesserer Stoiber eingeredet: Der verkürzte Bildungsgang als Königsweg zu mehr Allgemeinbildung. Das G8 sei dringend nötig, sagt der Stoiber, Bayern fällt sonst im Bildungswettbewerb total zurück. Das muss er mir mal erklären, der Gschaftlhuber aus dem Loisachtal: Wieso fällt jemand im Bildungswettbewerb zurück, wenn er ein Jahr länger die angeblich so hervorragende Bildung eines bayerischen Gymnasiums genießt? Das stimmt doch hinten und vorne nicht!**

Man stelle sich nur vor, ich hätte zu meiner Zeit ein Jahr weniger Latein gehabt!*** Die Geschichte der Parlamentsdebatten in der Bundesrepublik Deutschland müsste in weiten Teilen neu geschrieben werden!

* Zuerst hab ich ja geglaubt, es geht um ein neues Sturmgewehr für die Bundeswehr, als Ablösung für das G3. Aber anscheinend ist bei der Waffenindustrie gerade das Schmiergeld etwas knapp.

** Der Wehner sagt, da geht's nicht um Bildung, da geht es darum, dass die Industrie noch jüngere Praktikanten kriegt, die in ihrem ganzen Leben noch nie das Wort »Gewerkschaft« gehört haben. Er ist halt ein unverbesserlicher Linkssozialist.

*** Der Wehner sagt, das wäre kein Schaden gewesen.

5.11.2004: Nach zahlreichen Protesten nimmt die Bundesregierung ihre Pläne zurück, den Tag der deutschen Einheit als gesetzlichen Feiertag abzuschaffen. Die Maßnahme sollte der Ankurbelung des Wirtschaftswachstums dienen.

5. November 2004
Tag der dt. Einheit
wird nicht abgeschafft

Schade! Das wäre doch die Chance gewesen, im zweiten Anlauf endlich den 3. Oktober als FJS-Tag zu etablieren.

2005

1.1.2005: Das Bundesamt für Güterverkehr erteilt der Firma Toll Collect die Betriebserlaubnis für das neue Lkw-Maut-System. Bedingt durch eine Serie von Pannen, tritt es am 1.1.2005 mit eineinhalbjähriger Verspätung in Kraft.

1. Januar 2005
Tolle Kollekte

Wem ist denn dieser hirnverbrannte Name eingefallen? Toll Collect? Das klingt ja, wie wenn ein polnischer Importpfarrer seinen Ministranten ein Lob zum vollen Klingelbeutel ausspricht: »Ist eine toll Collect!« ..., oder soll es eine Anspielung auf das Tollhaus sein, aus dem man die Macher dieses Mautsystems ganz offenbar rekrutiert hat?
Toll ist das jedenfalls nicht.

18.1.2005: Im südfranzösischen Toulouse wird der Airbus A380, das größte Passagierflugzeug der Welt, vorgestellt. Er ist das weltweit erste Flugzeug mit einem durchgängig doppelstöckigen Rumpf.

18. Januar 2005
Flugzeug mit Oberstübchen

Ein doppelstöckiges Flugzeug, das hat schon was. Wenn ich das 1987 bei meinem Moskauflug schon gehabt hätte, hätte ich nicht nur das halbe, sondern das ganze Kabinett mitnehmen können und den Bayerischen Landtag gleich mit dazu – komplett mit Hinterbänklern, Opposition und Parlamentsdienern. Bei Airbus sieht man mal wieder überdeutlich, dass alles, was ICH auf den Weg gebracht habe, rasant abhebt und dann auf Erfolgskurs bleibt. Hätte ich nicht seinerzeit als Airbus-Aufsichtsratsvorsitzender die Weichen gestellt, hätten die vielleicht inzwischen das »Air« aus ihrem Namen gestrichen und würden wirtschaftlich auf Flughöhe null herumkrebsen.
Merke: Wer zweistöckige Flugzeuge haben will, braucht auch zweistöckige Politiker, die nicht nur im geistigen Parterre zu Hause sind.

Hier sieht man mich, wie ich dem politischen Leichtflugzeug der SPD eine von mir selbst entwickelte gelbe Karte zeige.

1.4.2005: Tod des Entertainers und Schauspielers Harald Juhnke.

2.4.2005: Papst Johannes Paul II. stirbt nach langer Krankheit im Alter von 84 Jahren in Rom.

2. April 2005
Erst Harald, dann Karol

Der arme Harald Juhnke kann einem wirklich leidtun. Gestern erst hier angekommen, hat er für heute schon ein Einstandskonzert angekündigt, aber daraus wird nichts: Karol Józef Wojtyła ist da, auch bekannt als Papst Johannes Paul II.
Der hat dem Juhnke ganz schön die Schau gestohlen mit seinen Santo-Subito-Fans.*
Angeblich sollen sie jetzt in der OHL droben ganz schön zittern. Gott Vater, so sagt man, wird sich einige kritische Fragen gefallen lassen müssen. ICH stehe natürlich jederzeit bereit, ihm beizuspringen.
PS: Morgen ist Helmut Kohls 75. Geburtstag. Mal sehen, wer sich angesichts der weltweiten Papst-Trauer da noch für den Opa von Oggersheim interessiert!**

* Die Sprechchöre vom Petersplatz sind schon beeindruckend. Das hätte meinen Bayern vor 17 Jahren auch einfallen können. Gut, der Tandler hat's bestimmt probiert, aber der war so geschockt von meinem Tod, dass ihm die Sprache weggeblieben ist.

** Wehner hat mich schon angesprochen: Dieses klammheimliche Grinsen auf meinem Gesicht wäre dem Ernst dieses Tages in keiner Weise angemessen. Versuche, es so gut es geht zu verbergen.

15.5.2005: Nach einem Gespräch mit Edmund Stoiber tritt Monika Hohlmeier am 15. April 2005 von ihrem Amt als bayerische Kultusministerin zurück. Grund war die Münchner CSU-Affäre.

15. April 2005
Meine Monika wird rausgeschmissen

So, jetzt hat er es endgültig geschafft, dieser Stoiber. Jetzt hat er mir das Kraut ausgeschüttet.

Meine Monika rausschmeißen – das ist ja … Blasphemie! Erst muss sie ihm für sein saublödes G8 die Kastanien aus dem Feuer holen, und dann lässt er sie fallen wie eine heiße Kartoffel. Als Bayerischer Ministerpräsident muss man es eben auch einmal aushalten, wenn man beim selbsternannten Wächterrat für übertriebene Political Correctness* kurzfristig in Ungnade fällt.

Wer sich ohne Not der Segnungen des Genpools eines Franz Josef Strauß beraubt, der hat auf dem Sitz eines Ministerpräsidenten nichts zu suchen, der soll sich in die Wälder bei Wildbad Kreuth zurückziehen und sich fortan von Beeren und Sauerklee ernähren.

* Auch bekannt als »Süddeutsche Zeitung«.

19.4.2005: Kardinal Joseph Ratzinger wird zum neuen Papst gewählt und gibt sich den Namen Benedikt XVI.

19. April 2005
Bayerns direkter Draht zur OHL

Nach 950 Jahren endlich wieder ein bayerischer Papst! Nichts gegen den Ratzinger, aber wenn ich mir den Rummel anschaue, den sie jetzt da drunten um ihn machen, muss ich ernsthaft um die geistige Gesundheit meiner ehemaligen Landsleute fürchten.
Schade, dass ICH jetzt schon hier oben bin – wenn's schon ein Bayer sein muss, hätten die durchaus auch MICH nehmen können – ein Amt, das man im weißen Bademantel ausüben kann, mache ich doch mit links!

Kardinal Ratzinger war einer der wenigen Menschen, denen ICH aus der Hand gefressen habe.

PS: Wehner und Honecker haben mir schon gratuliert. Jetzt, wo Bayern einen direkten Draht zur OHL hat, meinen sie wohl, sie müssen sich gut stellen mit mir.

18.9.2005: Entgegen den Umfrageergebnissen landet die CDU bei den vorgezogenen Bundestagswahlen mit 35,2 Prozent der Stimmen nur knapp vor der SPD (34,2 Prozent). Gerhard Schröder, der damit in einer künftigen großen Koalition keinen Anspruch auf das Kanzleramt hat, überspielt seine Enttäuschung mit einem aufgekratzten Auftritt in der »Elefantenrunde« von ARD und ZDF.

18. September 2005
Ein schlechter Verlierer

Du meine Güte, was regen sich da jetzt die Leute über den Schröder auf! Daneben benommen hat er sich gestern in der Elefantenrunde, eine unmögliche Vorstellung hat er abgeliefert. War er besoffen, hat er Drogen genommen, war's eine zu hohe Endorphinausschüttung?
Du lieber Gott, Drogen! Ein paar Gläser Barolo werden's halt gewesen sein, aber um das geht es doch gar nicht. Im Grunde hat der Mann ja alles richtig gemacht, vermutlich hat er sich meinen legendären Auftritt in der Elefantenrunde 1987 zu oft auf Video angesehen und wollte ihn gestern imitieren. Aber dabei hat er einen alles entscheidenden Punkt übersehen, der wild gewordene Gerade-noch-Kanzler aus Niedersachsen:
So einen Auftritt kann man nur mit Bravour hinlegen, wenn man zu Hause absolut hörige öffentlich-rechtliche Hofschranzen wie Wolf Feller und Günter von Lojewski und zudem noch ein einem völlig ergebenes Publikum hat, sonst kommt trotz Barolo und Endorphinausschüttung nur die blutleere protestantische Variante eines Franz Josef Strauß heraus.

22.10.2005: Um eine Ansteckung mit dem gefährlichen Virus H5N1 (Vogelgrippe) durch Zugvögel zu verhindern, wird in Deutschland eine Stallpflicht für Hühner, Gänse und Enten verfügt.

22. Oktober 2005
Eidgenössische Vogelgrippe

Vogelgrippe! Da singt die WHO »Alle Vöglein sind schon da«, und das ganze Land dreht komplett durch. Würde mich nicht wundern, wenn irgendwelche Hysteriker ihre Kuckucksuhren zunageln und die Behörden Tamiflu* ins Trinkwasser geben würden.

* Habe sowieso den Verdacht, die Vogelgrippe kommt nicht aus Asien, sondern aus der Schweiz. Von Roche. Nach dem Motto: Wir haben Aktien, wir haben ein Medikament, jetzt fehlt uns nur noch eine passende Krankheit.

2.11.2005: Weil das von ihm geforderte »Superministerium« nicht seinen Vorstellungen entspricht, geht Stoiber nicht nach Berlin, sondern bleibt weiterhin Bayerischer Ministerpräsident.

1. November 2005
Nicht nach Berlin

Jetzt hat er sich endgültig abgeschossen, der Stoiber.* Aber so was von abgeschossen! Spinnt der? Bloß weil ihm der »Zuschnitt seines Superministeriums« nicht gefällt, kneift er und geht nach München zurück.** Ja sind wir jetzt beim Herrenschneider oder im Comic-Heft? Was glaubt eigentlich dieser Clark Kent aus Wolfratshausen, dass man in der Aktenstube den Trachtenjanker aufreißt und der Polit-Superman zum Vorschein kommt? Das hat doch bei diesem Genschman schon nicht hingehauen.

* Der Wehner meint, das komme dabei raus, wenn einer zu pokern anfängt, der nicht einmal richtig Mau-Mau spielen kann, und rechnet schon mit einem SPD-Sieg bei der bayerischen Landtagswahl. Traumtänzer! Die Schwäche der anderen mit eigener Stärke zu verwechseln war immer schon der Kronfehler der SPD!

** Stattdessen schickt er den Glos. Ein unterfränkischer Müllermeister wird Wirtschaftsminister. Seine genauen Standpunkte sind bis heute unbekannt, weil er bei seinen eigenen Reden nach zwei Sätzen einschläft.

22.11.2005: Angela Merkel wird zur ersten Bundeskanzlerin der Bundesrepublik Deutschland gewählt.

22. November 2005
Merkel wird Kanzlerin

Es sagt ja viel über die desolat dünne Personaldecke der Union aus, wenn sie jetzt schon die kleine Angela, Helmut Kohls Umwelthaserl aus der Uckermark, zur Kanzlerin machen müssen.
Honecker ist natürlich ganz aus dem Häuschen. »Mensch, Franz Josef, das ist die erste FDJ-Sekretärin für Agitation und Propaganda, die Bundeskanzlerin wird! Der Sieg des Sozialismus ist zum Greifen nahe! Los, bind dir dein blaues Halstuch um, das müssen wir feiern!«* Wenn er sich da mal nicht verrechnet, der Erich. Ich jedenfalls bin sehr gespannt, was die für eine Agitation und Propaganda betreiben wird.

* Honecker verteilt seit einiger Zeit blaue Halstücher, weil er eine Freie Drobige Jugend (FDJ) ins Leben rufen will. Weder mein Einwand, dass ich nicht mehr jung bin, noch die Feststellung, dass ich keinen Hals für so ein Tuch habe, konnte ihn davon abbringen, mir eines aufzunötigen.

9.12.2005: Beginn des Baus der Ostseegasleitung, die Deutschland und Westeuropa ab 2010 mit russischem Erdgas versorgen soll. Aufsichtsratsvorsitzender der Betreibergesellschaft soll der frühere Bundeskanzler Schröder werden.

12. Dezember 2005
Schröder wird Gasmann

Die Merkel wird Kanzlerin, und der Schröder wird Putins Gasmann – langsam fragt man sich schon, ob es wirklich so klug war, den Eisernen Vorhang aufzumachen.

2006

9.6.2006: In München findet die Eröffnungsveranstaltung zur Fußballweltmeisterschaft statt.

9. Juni 2006
Kaiser und Bettelmann

Der »Kaiser« hat's geschafft. Eine Fußball-WM auf deutschem Boden. Dazu gibt es in den Stadien holländisches Bier, dank Blatters Fifa-Knebelverträgen.
Dass die den Beckenbauer als »Kaiser« feiern, stört mich schon lang. Wenn wir seinerzeit diesem Obergiesinger Dampfplauderer nicht in Steuerfragen zur Seite gesprungen wären, dann wäre der doch heute nicht »der Kaiser«, sondern höchstens der Franz Bettel-Bauer.

1.8.2006: Die Rechtschreibreform tritt in Deutschland verbindlich in Kraft.

1. August 2006
Mit drei F und Doppel-S

So, jetzt ist sie also da, die Rechtschreibreform, und alle reden sich die Köpfe darüber heiß, so als gäb's nichts Wichtigeres, was man reformieren könnte in diesem Land. Haben diese Sesselfurzer von Kultusministern denn nichts anderes zu tun, als festzulegen, dass man »Schiffahrt« künftig mit drei f schreibt? Aus »Stengel« wird »Stängel« (aber aus »Bengel« nicht »Bängel«), aus »Alptraum« ein »Albtraum«, und was man künftig mit scharfem ß, Doppel-s oder einfachem s schreibt,* das wird noch Generationen von Deutschlehrern schlaflose Nächte und den Schreibwarenfabrikanten einen reißenden Absatz an Rotstiften bescheren.

Ich habe beschlossen, mich diesem Unsinn nicht zu beugen, und werde auch weiterhin in meinem Tagebuch die »alte«, aber immerhin logische Rechtschreibung verwenden. Schließlich habe ich »Konservativ« immer großgeschrieben.**

* Ich habe lange vor der Rechtschreibreform schon unter diesem »ß« versus »ss« gelitten, besonders im Wahlkampf, wo unverschämte linksradikale Chaoten auf den Plakaten das scharfe »ß« in meinem Namen mit einem – oft großgeschriebenen SS verunziert hat – häufig auch in Runenform.

** Hier irrt Herr Strauß. Wir haben uns als Herausgeber dazu entschlossen, dieses Tagebuch der besseren Lesbarkeit halber durchgehend in die neue Rechtschreibung zu transkribieren.

11.8.2006: Günter Grass, Literaturnobelpreisträger von 1999, gesteht in seiner Autobiographie ein, in den letzten beiden Kriegsjahren Mitglied der Waffen-SS gewesen zu sein.

8. November 2006
Wer im Glashaus sitzt…

Mei, jetzt hat er ja nichts mehr zu verlieren, der Günter Grass, das literarische Gewissen der Nation. Den Nobelpreis hat er schon, einer der bekanntesten deutschen Schriftsteller ist er auch, seine Bücher haben Millionenauflagen. Der Mann hat alles erreicht, was man sich nur wünschen kann. Da kommt es dann auch schon mal vor, dass man allein daheim am Küchentisch sitzt, seinen Kaffee schlürft und sagt: »Mensch, Günter, da war doch noch was … dass mir das jetzt nicht einfällt … halt, jetzt hab ich's! Ich war ja bei der Waffen-SS.* Genau, das wollte ich eigentlich die letzten 60 Jahre lang immer erzählen …«

* Ich habe mein Leben lang nie einen Hehl daraus gemacht, dass mein Motorrad ab 1937 beim NSKK war, beim Nationalsozialistischen Kraftfahrer-Korps. Als ich ihm 1939 deswegen schwere Vorhaltungen machte, ist es wieder ausgetreten.

5.12.2006: Der bayerische Innenminister Günther Beckstein spricht sich für eine Bundesratsinitiative für ein Verbot sogenannter Killerspiele auf dem Computer aus.

5. Dezember 2006
Sherlock Holmes der Killerspiele

Da hat der oberste Sherlock Holmes im bayerischen Innenministerium ja wieder mal eine bahnbrechende Erkenntnis gehabt: Kombiniere, wer diese Killerspiele spielt, wird zum Gewalttäter und Amokläufer. Watson, da müssen wir etwas unternehmen. Lassen Sie uns eine Bundesratsinitiative starten, um sie so rasch wie möglich zu verbieten …

Aber ist das nicht ein bisschen zu kurz gegriffen, Holmes?, möchte man den fränkischen Paragraphenrambo fragen. Müsste man da nicht ebenso messerscharf schließen, dass jemand, der zu viel »Monopoly« spielt, zum Immobilienhai wird, ein passionierter »Scotland Yard«-Spieler Innenminister, und wer das Prinzip von »Mensch-ärgere-dich-nicht« in jungen Jahren verinnerlicht hat, als Erwachsener eigentlich nur zur bayerischen SPD gehen kann.

2007

4.1.2007: »Der Spiegel« feiert seinen 60. Geburtstag.

4. Januar 2007
Der »Spiegel« wird 60

Der »Spiegel« wird 60! Hätte nie gedacht, dass er es wirklich so lange durchhalten wird, denn ehrlich gesagt: Seit ICH nicht mehr bin, gehen dem »Spiegel« ganz offensichtlich die Themen aus. Man muss sich nur Titelgeschichten anschauen wie »Was ist Empathie?« oder »Gesünder, länger, besser leben«. Ist das schon die journalistische Altersteilzeit?

Dass der »Spiegel« in Wirklichkeit nur ein Herrenmodemagazin ist, beweist dieses Titelbild aus dem Jahr 1957, als er über meine Bemühungen schrieb, den bayerischen Trachtenhut MEINER Kopfform anzupassen.

22.5.2007: Die Bayerische Landesbank erwirbt für 1,6 Milliarden Euro eine Mehrheitsbeteiligung an der Kärntner Bank Hypo Group Alpe Adria.

22. Mai 2007
Eine Bank vom Wühltisch

Der Stoiber und der Faltlhauser auf Schnäppchenjagd! Schau sie dir nur an! Bloß weil die meinen, sie müssen jetzt unbedingt als *global player* in der finanziellen Champions League mitspielen, schicken sie die Landesbank ausgerechnet in Kärnten auf Einkaufstour! Zu diesem Haider! Gut, politisch mag der Mann durchaus seine Meriten haben, aber ich tät ihm trotzdem nicht einmal ein gebrauchtes Fahrrad abkaufen, diesem rechtsdrehenden Oberschlawiner. Und schon gar nicht, ein als Bank hergehübschtes marodes balkanesisches Pfandleihhaus, über das die Spatzen von den Dächern pfeifen, dass da mehr als nur ein paar Bilanzen dran faul sind. Das geht ja mit dem Namen schon los: Hypo Alpe Adria! Als hätte ich es diesen Pfeifen im Trachtenanzug nicht immer vorgelebt: Gute Geschäfte macht man nicht zwischen Alpen und Adria, gute Geschäfte macht man zwischen Ostberlin und Côte d'Azur!

Aber Typen wie Faltlhauser und Stoiber hätte man zu meiner Zeit ja nicht einmal zum Leberkäsholen geschickt, weil die sich unter Garantie ein kalt gewordenes Schaschlik hätten andrehen lassen.

24.7.2007: In der Berliner Dependance von Madame Tussauds Wachsfigurenkabinett wird Franz Josef Strauß in einer Fotocollage »Helden und Bösewichter« zusammen mit dem Kanzlerspion Günter Guillaume den Bösewichtern zugerechnet. Bayerns Europaminister Söder verlangt von Bundesaußenminister Steinmeier, in London vorstellig zu werden. Söder: »Ein solches Vorgehen belastet die bayerisch-englischen Beziehungen.«

24. Juli 2007
Rohstoffknappheit bei Madame Tussaud

Wie ich nach dem Frühstück zurück auf meine Wolke komme, grinsen Honecker und Wehner über beide Ohren.

»Du bist bei der Madame Tussaud, Franz Josef«, sagt der Erich.

»Bei Madame Tussaud, in London?«, frag ich.

»Nein, in Berlin.«

»Berlin? Da fühlt man sich ja wie ein Mensch zweiter Klasse. Wie jemand, der in die Kolonien strafversetzt wird.«

»Jetzt mach aber mal halblang, Franz Josef«, protestiert Honecker. »Berlin ist der Nabel der Welt. Das war schließlich 40 Jahre lang meine Hauptstadt.«

Aber es kommt noch schlimmer: Nicht genug damit, dass ich nur in einer läppischen Außenstelle bin, ich habe nicht einmal eine Wachsfigur, nur ein albernes Foto! Udo Lindenberg hat eine Figur. Johnny Depp hat eine Figur, Lady Gaga hat eine Figur, ich hab nur ein Foto. Unter den Bösewichtern zwar, aber trotzdem nur ein Foto!

»Wachs ist ein begehrter Rohstoff, Franz Josef«, feixt

Honecker. »Davon haben se wohl nicht genug für dich«, und Wehner wettert: »Wieso denn eine Wachsfigur für Strauß? Wäre mir nicht bekannt, dass der Herr jemals wachsweich gewesen wäre!«
»Nimm's nicht so schwer«, sagt Honecker schließlich. »Wenn man bei denen 'ne Figur kriegen will, muss man ganz offensichtlich entweder ein Depp oder Gaga sein.« Da mag er recht haben.

25.7.2007: Bei der Tour de France wird der Träger des Gelben Trikots, der Däne Michael Rasmussen, wegen vier verpasster Doping-Kontrollen aus dem Rennen genommen.

25. Juli 2007
Die Ochsen(Sepp)-Tour

Gelbes Trikot! Da klingelt's doch bei mir. Da denk ich doch sofort an FDP-Hanseln wie diesen Genscher. Der war bei seinem Auftritt da auf dem Balkon in der Deutschen Botschaft in Prag als Träger des Gelben Pullovers wahrscheinlich auch gedopt. So wie sein Vorgänger Walter Scheel: High auf dem gelben Wagen …
Wundern tut es mich ja nicht, dass die bei der Tour de France dopen. Doping im Radsport hat es schon immer gegeben, auch zu meiner Zeit. Ich denk da nur an das Team, das ich seinerzeit mit dem Zimmermann Fritz und dem Ochsensepp gehabt habe.

Ich hab dem Ochsensepp immer gesagt: »Doping ist in Ordnung, aber doch nicht mit einer Zigarre, das riechen die doch einen Kilometer gegen den Wind …«

Der Ochsensepp und der Fritz haben es nach diesem Dopingskandal noch eine Weile als »Team Weiße Weste« versucht …

... aber erst als der Ochsensepp ausgeschieden ist, habe ich bei der »Tour de Wildbad Kreuth« regelmäßig das »Schwarze Trikot« getragen. Und zum Doping habe ich mich ins Bierstüberl der Hanns-Seidel-Stiftung zurückgezogen, wo wir nicht nur auf den Hanns das eine oder andere Seidel getrunken haben, wenn ich mir diesen kleinen Witz am Rande erlauben darf.

6.8.2007: Das Landgericht Augsburg spricht Max Strauß von dem Vorwurf frei, vom Waffenhändler Karlheinz Schreiber angeblich an ihn bezahlte Provisionsgelder nicht versteuert zu haben. »Der Angeklagte hatte von Karlheinz Schreiber nichts erhalten, darum musste er auch nichts versteuern«, erklärte Richter Manfred Prexl in seiner Urteilsbegründung.

6. August 2007
Glück gehabt, Herr Richter

Na also! Jedes andere Urteil hätte zu einem Blitzeinschlag aus heiterem Himmel im Landgericht Augsburg geführt.

23.9.2007: In Berlin empfängt Bundeskanzlerin Merkel den Dalai-Lama, das geistliche Oberhaupt der Tibeter. Der Besuch führt zu diplomatischen Konflikten mit der chinesischen Regierung, die den Dalai-Lama nicht anerkennt.

23. September 2007
»Alles wird gut«

Da sind die richtigen beiden beieinander, mein Lieber. Die Weltmeisterin im Inhaltslose-Phrasen-Absondern und der sprechende Glückskeks aus Tibet. Bestimmt hat er ihr einen Kalender mit Sinnsprüchen mitgebracht, die sie dann auf ihrer nächsten Pressekonferenz loswerden kann. »Alles wird gut.« – »Suche nie nach Alternativen, solange du keine brauchst.« So Sachen halt ...

29.9.2007: Auf dem CSU-Parteitag in München wird Erwin Huber mit 58,2 Prozent der Stimmen zum neuen Parteichef gewählt. Mit 96,6 Prozent wird Günther Beckstein als Nachfolger von Edmund Stoiber nominiert.

29. September 2007
Doppelbock?

Zum Glück ist der CSU-Parteitag in München endlich zu Ende, dieser Jahrmarkt der Peinlichkeiten. Das war ja nicht mehr mit anzusehen: Der Stoiber kraxelt allen Ernstes auf einen Stuhl und nimmt stehende Ovationen entgegen – wohl dafür, dass er sich von dieser Gabriele Pauli aus dem Amt hat jagen lassen.

Na ja, vielleicht freuen sie sich ja auch nur, dass sie ihn los sind, obwohl das, was nachkommt, nun wirklich nicht besser ist: Nach der bellenden Büroklammer jetzt das Duo infernal: Günther Beckstein, der Westentaschenrambo aus Mittelfranken, und Erwin Huber, das Missing Link zwischen niederbayerischem Provinzpolitiker und Homo sapiens. Beckstein als Ministerpräsident und Huber als Parteivorsitzender. 58 Prozent der Delegiertenstimmen hat er gekriegt. 58 Prozent! Bei so einem Ergebnis* hätte ich meinen sofortigen Parteiaustritt erklärt.

Wenn die CSU mit den beiden mal nicht einen Doppelbock geschossen hat.

* Als ich auf dem Parteitag 1983 nur 77 Prozent gekriegt habe, habe ich mich mit dem Gerold Tandler und dem Wilfried Scharnagl in einem Nebenzimmer eingeschlossen und die Delegierten erst einmal eine halbe Stunde schmoren lassen, bis ich mich bequemt habe, die Wahl anzunehmen!

2008

17.4.2008: Die bayerische Sozialministerin und frühere CSU-Generalsekretärin Christine Haderthauer sagt in einem Interview mit einem Ingolstädter Lokalsender, dass sie in dem früheren Ministerpräsidenten Franz Josef Strauß kein Vorbild sehe.

17. April 2008
Krampfhenn

Da stellt sich diese Krampfhenn, diese Christine Haderthauer, doch glatt hin und erklärt öffentlich, dass ICH nicht ihr Vorbild bin!! Ja, was will sie denn dann in der CSU??
Das ist ja, wie wenn ein Pfarrer sagt, mit'm Jesus hat er's nicht so.*
Aber so was kommt halt leider dabei heraus, wenn man – frei nach dem Evangelisten gesprochen – die Letzten zu den Ersten macht. Die gute Frau ist doch schizophren: Einerseits sieht sie mich nicht als »Vorbildpolitiker«, andererseits sagt sie über mich: »Der war superinteressant und imponierend und faszinierend.«
Vielleicht hätte sie mich doch zum Vorbild nehmen sollen, dann wäre vielleicht wenigstens eine dieser Eigenschaften zumindest ansatzweise bei ihr vorhanden.

* Oder wie wenn ein Kommunist behauptet, für ihn sei Karl Marx der Bruder des Münchner Erzbischofs, sagt Honecker. Er muss immer das letzte Wort haben. Hat mich schon zu Lebzeiten genervt!

23.9.2008: Günther Beckstein äußert in einer Bierzeltrede, dass Autofahren nach dem Genuss von zwei Mass Bier in sechs, sieben Stunden noch akzeptabel sei. Eigenen Angaben zufolge wollte er damit nur darauf hinweisen, dass die Masskrüge in dem Bierzelt viel zu schlecht eingeschenkt gewesen seien.

23. September 2008
Das Maß der Mass

Du meine Güte, was ist denn in diesen Günther Beckstein gefahren? Stellt der sich letzte Woche vier Tage vor Wiesnbeginn in ein Bierzelt und verkündet lauthals,

Dieses Foto ist der Beweis dafür, dass ich nach sechs Mass und einer Halben geistig noch so klar war, dass ich Helmut Schmidt das Rauchen beibringen konnte.

dass man mit zwei Mass noch Auto fahren kann! Total überflüssige Feststellung! Kommt doch immer drauf an, wer aus den Masskrügen trinkt.
Natürlich schwadronieren jetzt irgendwelche Gscheithaferl von den Trinkmengenempfehlungen der WHO, die der Vorschlag vom Beckstein um das Dreifache überstiegen habe – dann soll man sich bei der WHO halt solche Empfehlungen sparen, wenn sie nichts vertragen.
Zu meiner Zeit hat man noch gefragt: Wie kriegt man das bayerische Kabinett auf 0,8 Promille? Antwort: Indem man ihm drei Tage nichts zu trinken gibt. Wer zu meiner Zeit mit Becksteins zwei Mass Bier Auto gefahren ist, der war bestenfalls in der SPD. Zu meiner Zeit war die CSU ein Bierfass, und ich war der Zapfhahn.
Damals hat es Typen in der CSU gegeben, die haben das Bier zu sich genommen, dass man nicht mehr von trinken reden konnte, sondern es eher schon mit einer Form des toxischen Marinierens zu tun hatte. Da war der Dreiklang Bayern, Bier und Politik in der CSU noch ein sehr harmonischer, aber heute kriegen sie jeden einzelnen dieser Töne nicht mehr richtig raus.

28.9.2008: Bei der Landtagswahl fährt die CSU mit 43,4 Prozent der Stimmen ihr schlechtestes Ergebnis seit 1954 ein. Die bisher allein regierende CSU muss eine Koalition mit der FDP eingehen.

28. September 2008
Waterloo an der Wahlurne

So, jetzt haben sie die Quittung, diese wild gewordenen Wichte, die die Frechheit besitzen, sich als meine Nachfolger zu titulieren:
Mit ihrem glücklosen Gewurstel haben sie es doch glatt geschafft, die CSU nach 50 Jahren in eine Koalition mit der FDP zu manövrieren. CSU und Koalition, das ist eine Contradictio in Verbis, ein Widerspruch in sich! Und dann noch mit der FDP! Das ist, wie wenn unser bayerischer Papst die evangelische Freikirche in Castrop-Rauxel-Nord fragen müsste, ob er die nächste Christmette im Petersdom als protestantischen Gesprächskreis organisieren soll – und statt der Kirchenorgel spielt die Wandergitarre.
Was wir hier erleben, ist die Apokalypse der CSU in ihrer bisherigen Form, aber diese farblosen Politschlümpfe, die sich da jetzt auf dem Trümmerhaufen der Partei tummeln, sind beileibe keine apokalyptischen Reiter, sondern traurige Schießbudenfiguren.
Wenn Wehner nicht bald zu lachen aufhört, verpass ich ihm einen Rempler, dass es ihn von seiner Wolke haut.

1.10.2008: Nach der verheerenden Wahlniederlage der CSU erklärt Günther Beckstein, als Ministerpräsident nicht mehr zur Verfügung zu stehen.

1. Oktober 2008
Fränkisches Harakiri

Er steht als Ministerpräsident nicht mehr zur Verfügung, sagt der Beckstein. Da schau her, das klingt ja so, als hätte ihn die CSU auf Knien angefleht zu bleiben und nicht hochkant hinausgeschmissen.

Aber das hätte ich denen gleich sagen können, dass der nicht lange bleiben wird. Wenn einer als erste Amtshandlung MEINE Büste aus dem Ministerpräsidentenbüro entfernen lässt – MEINE Büste, von der sich der Stoiber jahrelang erhofft hat, von ihr würde wenigstens ein bisschen von meinem rhetorischen Talent auf ihn abstrahlen –, da weiß man doch, dass der sich nicht lange halten wird. In Japan würde man einen, der so mit seinen Ahnen umgeht, sofort zum Harakiri zwingen. Und Harakiri hat der Beckstein ja auch gemacht, wenn auch auf seine fränkisch-protestantische Art.

27.10.2008: Horst Seehofer wird vom Bayerischen Landtag zum Ministerpräsidenten gewählt.

27. Oktober 2008
A Hund is a ned

Haben die denn aus dem Debakel mit diesen keimfreien Politwichteln Beckstein und Huber immer noch nichts gelernt? Bloß weil die CSU einen Schwächeanfall hat, macht man doch nicht gleich einen ehemaligen Gesundheitsminister zu meinem Nachfolger! Ein Bayerischer Ministerpräsident muss doch andere Qualitäten haben! Wenn ich schon höre, dass man diesem Horst Seehofer ein uneheliches Kind andichten musste, damit er wenigstens eine Affäre hat! Wissen die denn nicht, dass bei einem Bayerischen Ministerpräsidenten nur eines wichtig ist: dass man nicht an einen Rehpinscher denkt, wenn man sagt: »A Hund is a scho.«

4.11.2008: Barack Obama wird zum 44. Präsidenten der USA gewählt. Er ist der erste Afroamerikaner in diesem Amt.

1. November 2008
Ob a ma …

Mit diesem Obama* haben die USA endlich zu Bayern aufgeschlossen: Hier sind schwarze Präsidenten seit Jahrzehnten eine Selbstverständlichkeit.

* Ich werde den Mann beobachten und schauen, *Ob a ma* g’fallt …

2009

6.7.2009: Der frühere Finanzbeamte Wilhelm Schlötterer veröffentlicht ein Buch mit dem Titel »Macht und Missbrauch. Franz Josef Strauß und seine Nachfolger. Aufzeichnungen eines Ministerialbeamten«, in dem er gegen Strauß und seine Nachfolger Vorwürfe der gezielten Einflussnahme in die Steuerermittlung erhebt.

6. Juli 2009
Was weiß denn der?

Wenn bayerische Beamte kreativ werden, dann ist ja per se schon äußerste Vorsicht angesagt. Und das nicht nur, wenn sie in ihren Amtsstuben neue Gesetze und Verordnungen herauskarnickeln. Man muss sich nur mal diesen Ex-Finanzbeamten Wilhelm Schlötterer anschauen, der nebenbei als Vorsitzender der Münchner Dantegesellschaft auch noch den italophilen Schöngeist gibt. Wär er bloß beim Dante geblieben, möchte man da sagen, da gibt es eine bestens geführte Hölle, die braucht Gestalten wie ihn als Kesselheizer und Pechsieder.

Aber nein, der Herr Schlötterer muss sich hinsetzen und ein Buch schreiben, das angebliche Steuerskandale in Bayern aufdeckt. Aber die Tatsache, dass man einem Franz Beckenbauer unentgeltliche Steuerberatung gibt, ist doch noch lang kein Skandal!

Wenn's dem Schlötterer auf seine alten Tage schon so fad ist, dann muss er nicht unter die Enthüllungsschriftsteller gehen, dann soll er sich doch ein mathematisch-naturwissenschaftliches Hobby suchen, das kann dieser wandelnde Ärmelschoner eh besser. Erbsen zählen, zum Beispiel. Oder Haare spalten.

Dieses kleinliche Machwerk, das er da als Buch herausgegeben hat, zeigt ja bloß, dass er als bayerischer Beamter

nicht genügend ausgelastet war, sonst hätte er die ganzen Informationen, mit denen er jetzt die Öffentlichkeit zu beglücken glaubt, gar nicht zusammentragen können. Mir vorzuwerfen, ich hätte 400 Millionen auf die Seite geschafft, das ist ja lächerlich. So etwas kommentiere ich nicht mal.
Da sagen jetzt manche, durch die schonungslose Aufdeckung meiner sogenannten Machenschaften hätte sich der Schlötterer Verdienste erworben, aber schauen wir mal, was für Auflagenzahlen dieses Buch erreicht (mit dem Namen Strauß sind schnell mal ein paar hunderttausend drin!), dann sind vielleicht seine Nebenverdienste viel interessanter.

1.12.2009: Die Hypo Alpe Adria verfügt nicht mehr über das zur Bilanzierung nötige Eigenkapital und gerät an den Rand der Insolvenz. Im Dezember 2009 wird sie durch Übernahme von 100 Prozent der Anteile durch die Republik Österreich »notverstaatlicht«.

1. Dezember 2009
Not an der Bank

Jetzt sind wir also schon wieder so weit, dass Banken verstaatlicht werden. *Not*verstaatlicht sogar, das klingt ja nach *Not*durft, *Not*bremse und *Not*verordnung. Blöd, dass das ausgerechnet eine Bank treffen muss, die sich unsere großartigen Finanzgenies Stoiber und Faltlhauser erst vor ein paar Jahren als DAS Schnäppchen auf dem europäischen Banken-Wühltisch haben andrehen lassen. Für 1,6 Milliarden, und jetzt haben sie sie für ganze vier Millionen Euro wieder an die Österreicher zurückgegeben.

Das sind Renditen, bei denen einem schwindlig werden kann.
Zum Glück gibt es ja in Bayern noch die Steuerzahler, die sich solche Genies an den Hals wählen. Die dürfen jetzt die Sparschweine *not*schlachten und ihre letzten *Not*groschen in dieses balkanesische Milliardenloch hineinschmeißen, in dieses Bermudadreieck aus *not*leidenden Krediten. Ich bin *not* amused.

2010

14.4.2010: Der Ausbruch des Vulkans Eyjafjallajökull legt wegen der in großen Mengen ausgetretenen Vulkanasche in weiten Teilen Nord- und Mitteleuropas den Luftverkehr lahm. Zahllose Flüge müssen gestrichen werden.

14. April 2010
Asche auf mein Flugzeug

Da bricht irgendwo in Island so ein ominöser Berg aus, den man bisher noch nicht einmal vom Hörensagen* gekannt hat, und schon dürfen die Flugzeuge in der halben Welt nicht mehr abheben!

Ja, traut sich denn heute keiner mehr was? Durch so eine Aschewolke kann man doch durchfliegen! Wegen eines Vulkans wäre man zu meiner Zeit nicht am Boden geblieben, da hätte man ja nicht einmal gewusst, dass einer ausgebrochen ist, geschweige denn, welcher. Und außerdem hat es damals ganz andere Gefahren im Luftraum gegeben, nämlich MICH. Als ICH eigenhändig mit der gesamten CSU-Spitze an Bord 1987 im Schneesturm nach Moskau geflogen bin, war ich eine größere Gefährdung für den internationalen Luftverkehr, als es jeder isländische Vulkan jemals sein kann.

* Kein Wunder, denn Eyjafjallajökull kann doch kein Mensch aussprechen, das klingt ja wie ein Aschermittwochsgericht auf der Speisekarte im Ikea-Restaurant.

Schaun wir mal, wie wir den internationalen Flugverkehr heute lahmlegen können …

23.4.2010: Im April 2010 verdichteten sich die Anzeichen, dass es der griechischen Regierung nicht gelingen wird, fällige Kredite zurückzuzahlen. Um einen Staatsbankrott zu vermeiden, beantragt Griechenland am 23. April 2010 offiziell EU-Hilfe und sagt im Gegenzug Spar- und Konsolidierungsbemühungen zu.

23. April 2010
Griechisches Geld

Großes Geschrei überall: Griechenland vor dem Staatsbankrott! Große Krise! Was wird aus dem Euro? So, als hätte man nicht ahnen können, dass da was schiefgehen muss, wenn man Ländern wie Deutschland und Griechenland eine gemeinsame Währung verpasst. Das klingt wie einer, der eine Maus und einen Elefanten vor einen Leiterwagen spannt und sich dann wundert, dass er nicht vorankommt.

3.6.2010: Nach dem Rücktritt des Bundespräsidenten Horst Köhler am 31. Mai 2010 präsentieren CDU/CSU am 3. Juni 2010 den niedersächsischen Ministerpräsidenten Christian Wulff als ihren Kandidaten für das Amt des Bundespräsidenten. Gegenkandidat von SPD und Grünen ist Joachim Gauck.

3. Juni 2010
Ein lahmer Gaul

Hätte die Union denn da wirklich keinen anderen gehabt? Muss man jetzt tatsächlich diesen Wulff ins Schloss Bellevue setzen? Einen, dessen einzig erkennbare politische Initiative als Ministerpräsident die Streichung des Blindengelds war, und selbst die hat er gleich wieder zurücknehmen müssen! Was will man denn mit so einem als Bundespräsidenten? Der hatte doch in Hannover schon ein Charisma, das nicht einmal für den Sparkassenvorstand einer niedersächsischen Landgemeinde langt, dieser lahme Gaul aus Niedersachsen.
Gut, gegen diesen evangelischen DDR-Pfarrer Gauck wird er es leicht haben, wenn der redet, glaubt man ja, er liest die Bedienungsanleitung einer in einem volkseigenen Betrieb hergestellten Phrasendreschmaschine vor.

Nachtrag 30. Juni 2010
Meine Befürchtungen sind eingetreten, der lahme Gaul ist gewählt worden! Bin mal gespannt, was von dem noch alles kommt. Eine Ruck-Rede wie beim Roman Herzog* sicher nicht, höchstens ein mauscheliges Tischerlrucken mit traurigen Gestalten à la Carsten Maschmeyer.

* Vgl. meinen Eintrag vom 26.4.1997.

18.9.2010: Zur Feier von 200 Jahren Oktoberfest wird am Rand der Theresienwiese ein »Historisches Oktoberfest« mit einer Pferderennbahn und alten Fahrgeschäften aufgebaut.

Gelebte Wiesn-Tradition: Hier sieht man die Familie Strauß anlässlich des Oktoberfests 1985 bei der Wahl zum »Mister Trachtenanzug«. Monika hat gewonnen.

18. September 2010
30 Jahre Weinkühlschrank

Es zeigt sich hier ja wieder einmal beispielhaft, was für ein verqueres Geschichtsverständnis sich nach 20 Jahren rot-grüner Chaotenherrschaft in der Stadt München mittlerweile breitgemacht hat. 200 Jahre Oktoberfest soll man von mir aus feiern, aber dann doch mit dem richtigen historischen Ansatz, der einem solchen Ereignis auch angemessen ist.

Es ist ein klassisches Beispiel jener gefallsüchtigen Effekthascherei, die in den letzten Jahrzehnten ja leider zum Markenzeichen meiner Heimatstadt geworden ist, dass sie

für viel Geld Pferderennbahnen und Kinderkarusselle nachbauen, gleichzeitig aber die wahre historische Dimension des Oktoberfests völlig unterschlagen.
Wenn überhaupt, dann müsste man eine *historische* Wiesn da feiern, wo wirklich Geschichte geschrieben wurde: im legendären Hinterstüberl des Hofbräuzelts, wo ich mich mit dem halben bayerischen Kabinett in so mancher aufreibenden Nachtsitzung für das Wohl des bayerischen Volkes aufgeopfert habe.
Aber bitte auch mit dem Original-Kühlschrank für die Bocksbeutel, die uns bei den dort getroffenen historischen Entscheidungen geholfen haben. Nicht umsonst trägt noch heute ein besonders guter Tropfen das Prädikat *Kabinett.*

Dezember 2010: Im Zuge des »Arabischen Frühlings« kommt es zum Sturz der Staatsoberhäupter von Tunesien, Libyen und Ägypten.

20. Dezember 2010
Bayerischer Frühling

Alle reden sie jetzt vom Arabischen Frühling, der jetzt ausgerechnet im Dezember in mehreren Ländern angebrochen sein soll.
In Bayern war das früher nicht anders, da hatten wir im Dezember ebenfalls Frühling, denn solange ICH dort Staatsoberhaupt war, herrschte politischer Dauerfrühling. Nur für SPD, Grüne und Bayernpartei war Winter angesagt.
Und MICH zu stürzen hat keiner gewagt, obwohl ich mir manchmal den Pascha vielleicht ein bisschen zu sehr her-

Meine Frau und ich 1983 beim Bücklingsempfang für die Opposition.

aushängen habe lassen, das muss ich jetzt angesichts dieses sogenannten Arabischen Frühlings einmal selbstkritisch anmerken.

2011

13.2.2011: In der »Welt« erscheint ein Artikel über den Wert alter D-Mark-Münzen. Zwei-Mark-Stücke mit dem Bildnis von Franz Josef Strauß können bis zu fünf Euro wert sein.

13. Februar 2011
DAS ist eine Rendite

Na also: Gerade lese ich in dieser ansonsten ja nicht ernstzunehmenden Helmut-Schmidt-Postille ZEIT, dass ein Zwei-Mark-Stück mit meinem Porträt für fünf Euro gehandelt wird ... das ist eine Rendite von satten 150 %. Ich hab's doch gewusst!* Bei einer Investition in Franz Josef Strauß kann man nichts verkehrt machen, das zeigt sich immer wieder, sogar posthum. Hätte man jene zwei Mark seinerzeit statt in eine Straußmünze in Telekom-Aktien angelegt, dann wären heute gerade noch 60 Pfennig davon übrig.

* Siehe meinen Eintrag vom 13.12.1996!

16.2.2011: In der »Süddeutschen Zeitung« werden erste Plagiatsbeispiele aus der Doktorarbeit von Karl Theodor zu Guttenberg abgedruckt. Guttenberg weist die Vorwürfe noch als abstrus zurück und sagt, die Arbeit sei seine eigene Leistung gewesen.

16. Februar 2011
Es muss nicht immer ein Doktor sein

Das hätte ich jetzt nicht gedacht: dass einmal jemand was gegen diesen von und zu Guttenberg sagt, und wenn's nur dieses linke Agit-Prop-Blatt »Süddeutsche« ist. Wurde ja auch höchste Zeit, dass man dieser von einer völlig von der Rolle geratenen CSU in Heimarbeit zusammengeschusterten Lichtgestalt ein paar Birnen aus der Gloriole schraubt. Rennt da wie eine wandelnde Brillantine-Werbung mit doppelt patentiertem Dauergrinsen durch die Weltgeschichte und lässt sich als den größten politischen Hoffnungsträger* *seit Franz Josef Strauß* feiern. Das ist ja lächerlich! Wo soll denn da eine auch nur ansatzweise Ähnlichkeit zu erkennen sein?
Als dieser Guttenberg als Wirtschaftsminister nach New York geflogen ist, um Opel zu retten, mit was ist er denn zurückgekommen?
Mit blamablen Touristenfotos vom Times Square!
Wenn ICH nach New York geflogen bin, dann habe ich mich für Deutschland in die Bresche gehauen, bis man mir

* Wenn der Landadel schon in die Politik geht! Da kommt nichts Gescheites dabei raus. Das ist bei diesem Karl-Theodor Maria Nikolaus Johann Jacob Philipp Franz Joseph Sylvester auch nicht anders als bei seinem Großvater Karl Theodor Maria Georg Achatz Eberhart Joseph Buhl Freiherr von und zu Guttenberg, der es während der »Spiegel«-Affäre 1962 gewagt hat, in der CSU einen Zwergenaufstand gegen mich zu inszenieren.

bei meinen Feldforschungen auf dem Straßenstrich die Brieftasche geklaut hat!
Darüber hätte man sich mal aufregen sollen, dass der Herr Gummibaron von und zu Siebengescheit viel verspricht und wenig hält! Dass er bei seiner Doktorarbeit abgeschrieben hat, ist doch nur ein winziges Mosaiksteinchen in seinem trüben Gesamtbild. Soll er doch, wenn er's anders nicht schafft! Aber dann muss er es halt so machen, dass man ihm nicht auf die Schliche kommt. Außerdem gibt es nun wahrlich elegantere Methoden, um an einen Doktortitel zu kommen, wenn man schon zu faul ist, dafür eine Arbeit zu schreiben. Man muss ihn sich halt verleihen lassen!
Mir allein haben beispielsweise sechs illustre Almae Matres von Kalamazoo bis Santiago de Chile die Ehrendoktorwürde verliehen,* da muss ich mir doch nicht selber ein zweifelhaftes Elaborat aus den Zitaten anderer Leute zusammenstümpern und mich am Ende wegen weggelassener Fußnoten politisch zu einer selbigen machen.

* Von anderen Ehrungen wie dem Großkreuz des Ordens des Hl. Papstes Silvester, dem Großkreuz des nationalen Verdienstordens von Ecuador, dem Großoffizierkreuz des Nationalordens der Republik Elfenbeinküste, dem Homayoun-Orden von Iran 1. Klasse, dem Großkreuz des Ordre du Mérite von Niger, dem Großkreuz des Ordens des Jordanischen Stern, dem Komturkreuz des Ordre National de l'Étoile Équatoriale von Gabun, dem Großkreuz des liberischen Ordens Stern von Afrika, dem Großoffizierkreuz des Order of the Lion of Malawi, dem Großoffizierkreuz des »Ordre du Mono« von Togo, dem Orden Gorkha-Dakshia Bahu von Nepal 1. Klasse und dem Bayerischen Verdienstorden ganz zu schweigen.
Hinzu kommen diverse Faschingsorden wie der Valentinsorden, der Orden wider den tierischen Ernst des Aachener Karnevalvereins und das Große Goldene Ehrenzeichen am Bande für Verdienste um die Republik Österreich und das »goldene Mülheimer Schlitzohr«, dessen Preisgeld einem gemeinnützigen Zweck zugeführt werden musste. Habe es der »Marianne-Strauß-Stiftung« vermacht.

1.3.2011: Guttenberg gibt seine politischen Ämter auf und erklärt: »Das ist der schmerzlichste Schritt meines Lebens.«

1. März 2011
Summa sine laude

Gott sei Dank ist diese unselige Doktortiteldebatte endlich vorbei!

Das war ja nicht mehr auszuhalten, wie dieser Guttenberg am Schluss rumgewinselt hat. Man müsse ihn verstehen, wenn einer wie er Beruf, Familie und Karriere gleichzeitig machen müsse, da bleibe ihm keine Zeit mehr für seine Doktorarbeit. Ja, hat ihn etwa jemand gezwungen, sich an sein Adelsprädikat auch noch einen Doktortitel dranzupappen?

Wer braucht denn Adelige mit Doktortitel? Man stelle sich nur einen DOKTOR Hagen von Tronje vor oder einen DOKTOR Götz von Berlichingen! Das klingt doch

Doktorwürde und große Köpfe sind nicht immer gut unter einen Hut zu bringen.

geradezu erbärmlich! Ganz zu schweigen von einem DOKTOR Friedrich Barbarossa oder einem DOKTOR Ludwig XIV.!
Zu diesen Zeiten hat der Adel noch gewusst, was sich gehört, da hat er Universitäten *gegründet* und nicht beschissen.

2.3.2011: Horst Seehofer bestellt den Veterinär Marcel Huber zum neuen Chef der Bayerischen Staatskanzlei.

1. März 2011
Von Tierärzten und Rindviechern

Langsam wird mir der Seehofer richtig unheimlich, dieser windelweiche Westentaschenwittelsbacher. Nicht genug damit, dass er sein Fähnchen in den Wind hängt, wie er's nur grad braucht, jetzt macht er auch noch mit diesem Marcel Huber aus Mühldorf einen Tierarzt zum Chef der Bayerischen Staatskanzlei. Ausgerechnet einen Tierarzt!
Dabei müsste doch eigentlich auch dem Dümmsten klar sein, dass ein Tierarzt als Chef der Staatskanzlei nur dann einen Sinn ergibt, wenn der Ministerpräsident ein Rindviech ist!

13.5.2011: Philipp Rösler wird zum neuen FDP-Vorsitzenden gewählt. Er übernimmt das Amt von Guido Westerwelle.

13. Mai 2011
Ein Politiker wie aus dem Klassenbuch

Ich habe ja nie einen Hehl daraus gemacht, was die FDP für mich ist: ein Haufen von industriehörigen Polit-Umfallern, gegen die ein Wendehals geradezu Genickstarre hat. Wehner drüben auf seiner roten Wolke nickt heftig – der hat mit Konsorten wie Scheel und Genscher weiß Gott auch was mitgemacht.

Philipp Rösler kannte ich übrigens schon, als er noch Klassensprecher war. Hier kontrollieren ICH und der chinesische Ministerpräsident Zhao Ziyang 1985 seine Einträge ins Klassenbuch.

Aber die waren ja noch Gold gegen das, was da inzwischen nachgewachsen ist, diese neoliberale Boygroup aus Lindner, Bahr und Döring, die mit dem Rösler jetzt noch einen vietnamesischen Frontmann gekriegt hat. Philipp Rösler, der ewige Oberprimaner mit Migrationshintergrund, der sich ständig meldet und dann die Antwort nicht weiß. So einen muss man doch nicht mit Gewalt zum FDP-Vorsitzenden machen. Da hätten sie doch besser den Brüderle genommen, dann hätten sie wenigstens die Weintrinker auf ihrer Seite.

14.5.2011: Während einer privaten Reise wird Dominique Strauss-Kahn, der Chef des Internationalen Währungsfonds, in New York festgenommen. Die Staatsanwaltschaft wirft ihm die versuchte Vergewaltigung eines Zimmermädchens in einem New Yorker Hotel vor.

14. Mai 2011
New York, New York

So was passiert auch nicht alle Tage, dass der Chef des Internationalen Währungsfonds ins Gefängnis kommt.* Und es ist so unnötig wie ein Kropf, denn schließlich habe ICH bereits 1971 unter nicht unerheblichem persönlichem Einsatz ein kleines Brevier der Gefahren zusammengestellt, die auf ausländische Politiker in New York möglicherweise lauern könnten.

Hätte sich dieser notgamsige Westentaschen-Don-Juan auch nur ansatzweise an den von mir damals herausgefundenen und in der Presse hinlänglich dokumentierten Verhaltensregeln orientiert, dann wäre die dunkelhäutige Frau hinter Gittern gelandet und nicht er. Aber so etwas kommt halt dabei heraus, wenn ein Strauss-Kahn das probiert, was nur der echte Strauß ka(h)nn.

Gut, ich muss ehrlicherweise dazu sagen, dass mich mein Einsatz im nächtlichen New York damals meine Brieftasche gekostet hat, die mir die Bordsteinschwalben vor meinem Hotel aus dem Sakko gezogen haben. Aber lieber ein Bayer ohne Brieftasche auf dem New Yorker Straßenstrich als ein Franzose ohne Hirn in einem New Yorker

* »Aber verdient hätten sie's alle gehabt!« – Wehner kann einfach nicht den Schnabel halten. Ist mir in letzter Zeit schon öfter aufgefallen, dass er auf seine posthumen Tage immer radikaler wird. Als zu seiner Zeit die SPD noch an der Regierung war, war ihnen der IWF sooo unsympathisch nicht.

Gefängnis. Und außerdem war ich in New York nicht auf Geld angewiesen, denn bei meinem alten Freund Friedrich Jahn, dessen neueröffnete 15. Brathendlstation in New York wir damals am Broadway ausgiebig gefeiert haben, hätte ich immer etwas zu essen bekommen. Glück muss man eben haben – und die richtigen Freunde!

6.6.2011: Bereits im ersten Wahlgang entscheidet sich das IOC in Durban für die südkoreanische Stadt Pyeongchang als Austragungsort der 23. Olympischen Winterspiele im Jahr 2018.

6. Juni 2011
Nicht dabei sein ist alles

Das hätte ich ihnen gleich sagen können, dass das nichts werden wird mit Olympia, wenn sie Gestalten wie diesen Christian Wulff und die sächsische Olympiaschnepfe Katharina Witt vor den weiß-blauen Karren spannen. Und dass der Ude da in Durban den Bierschlägel vom Oktoberfest schwingt und der Franz Beckenbauer auch noch seinen Senf dazugeben muss, hat der Sache auch nicht gerade geholfen. Das ist etwa so, als würde der Beckenbauer mit seinem Hit »Gute Freunde kann niemand trennen« beim Eurovision Song Contest antreten. *Munich zero points …**

Ich, wenn noch was zu sagen hätte in Bayern, ich hätt nicht einen Bierschlägel geschwungen, ich hätt mich in einen Bob gesetzt, den hätt ich von »Deutschland 1« in »CSU 1« umbenannt und wär mit dem IOC aber dermaßen Schlitten gefahren, dass denen Hören und Sehen vergangen wär …

13.6.2011: 125. Todestag von König Ludwig II. Aus diesem Anlass wurde 2011 in Bayern ein König-Ludwig-Jahr ausgerufen und dem verstorbenen Wittelsbacher eine Landesausstellung auf Schloss Herrenchiemsee gewidmet.

13. Juni 2011
Bayern, deine Herrscher

Ein sauberer Totenkult ist das in Bayern – da hält man an dem Tag, an dem der größte Politiker dieses Landes verstorben ist, langatmige Sonntagsreden auf die Deutsche Einheit, aber wenn vor 125 Jahren einer seiner Vorgänger mit seinem Irrenarzt im Starnberger See ertrunken ist, steht das ganze Land monatelang kopf.

* Natürlich haben sie auch schon eine Entschuldigung für das Bewerbungsdesaster parat: In Korea stehen eben finanzstarke Konzerne und die Politik hinter der Bewerbung, sagen sie. Ja, was hat denn bei München dahintergestanden? Schneewittchen und die sieben Zwerge?

Der »Kini«, wohin man blickt – fast möchte man ja meinen, Bayern habe nie einen besseren Herrscher gehabt und müsse sich nun für alle Zeiten nach diesem Wittelsbacher Warmduscher zurücksehnen. Aber was hat dieser Ludwig denn seinem Land anderes hinterlassen als drei halbfertige Schlösser und höchst fragwürdige Wagner-Festspiele?

MIR hingegen verdankt das Land Bauwerke von unvergleichlicher Schönheit: den Münchner Flughafen, den Main-Donau-Kanal, das Kernkraftwerk Isar II, und wenn sie mich gelassen hätten, wäre noch eine wunderbare Wiederaufbereitungsanlage in Wackersdorf dazugekommen.*

Der Kardinalfehler meiner Amtszeit war, dass ich damals nicht das Amt des Erbministerpräsidenten eingeführt habe.

Dann hätte Bayern heute meinen Sohn, Max I., als Staatsoberhaupt, ausgestattet mit den Insignien der Macht – Wampe, Stiernacken und Schwarzgeldkonto, und bei seiner Inthronisation hätte es ein Bankett mit einer Augsburger Festplatte gegeben, von dem die Historiker noch in hundert Jahren ins Schwärmen gerieten.

* Historiker bezeichnen Wackersdorf ja als MEIN Schloss Falkenstein – lange geplant und nie gebaut. Das ist in etwa so lächerlich, als würde man den Palast der Republik als Honeckers Herrenchiemsee bezeichnen.

30.6.2011: Im Bundestag wird die Energiewende beschlossen, der Ausstieg aus der Kernenergie und der zügige Ausbau erneuerbarer Energien.

30. Juni 2011
Energiewende wird beschlossen

Da könnt ich mich schon wieder aufregen: Bloß weil am anderen Ende der Welt ein Kernkraftwerk in die Luft geflogen ist, machen diese Waschlappen von der heutigen CSU gleich einen energiepolitischen Purzelbaum rückwärts!

Schon der Gedanke an ein neues Kernkraftwerk hat mich als Atomminister zum Strahlen gebracht.

»Die Nutzung der Kernenergie gehörte nie zum Markenkern der CSU«, tönt jetzt der Söder, diese Witzfigur von einem Umweltminister. Ja, was gehört denn dann zum

»Markenkern der CSU«? Dem Seehofer sein windelweiches Rumlavieren vielleicht? Oder dass der Söder sein Fähnchen in jeden Wind hängt, und sei er noch so ein opportunes Lüftchen?
Bin ich denn vielleicht jahrelang Atomminister gewesen, damit dieses Politchamäleon Söder – heute schwarz, morgen grün – jetzt den Kotau vor den Kernkraftgegnern macht und rotzfrech auf meinem Erbe rumtrampelt? Die abrupten Richtungswechsel, die der in der letzten Zeit vollzogen hat, hält doch nur einer aus, der ein Rückgrat aus Vollgummi hat. Oder gar keines.

29.7.2011: Bei einer Demonstration von Gegnern der dritten Startbahn am Münchner Flughafen vor der CSU-Zentrale in München wird Generalsekretär Alexander Dobrindt mit einer Tomate beworfen.

29. Juli 2011
Lebensmittelverschwendung

Die CSU ist außer sich. Horrornachricht: Alexander Dobrindt ist von Flughafengegnern mit einer Tomate beworfen worden!
Das ist wirklich eine Tragödie! Für die Tomate, natürlich. Die hat ein solches Ende nun wahrlich nicht verdient, selbst wenn sie aus einem holländischen Treibhaus kommt. Das ist ja eine schlimmere Lebensmittelverschwendung, als sie die Ilse Aigner jemals anprangern könnte.
Ich war in meiner langen politischen Laufbahn oft genug einem Hagel aus Obst und Gemüse und noch unappetitlicheren Gegenständen ausgesetzt – aber mit einem feinen Unterschied: Ich hatte immer einen wie den Gerold Tand-

ler dabei, der mit einem Regenschirm das Gröbste von mir abgehalten hat, aber für den Dobrindt spannt die CSU nicht einmal einen Knirps auf, die sind wahrscheinlich froh, wenn jemand diesem Schnarchzapfen mal was an den Kopf wirft, damit dieser zum Generalsekretär gemachte personifizierte Personalengpass wenigstens für ein paar Minuten aufwacht.

1.8.2011: Die Bayerische Staatsregierung beschließt, 100 Millionen Euro in den flächendeckenden Ausbau des Glasfasernetzes zu stecken, um in den nächsten Jahren das ganze Land mit Breitbandinternet zu versorgen. Kritiker sehen diese Summe als viel zu gering an, um das gesteckte Ziel zu erreichen.

1. August 2011
Geteerte Feldwege

So, so, das »Breitbandinternet« wollen sie jetzt fördern. Die Datenautobahn!

Das wird was werden, wenn Gestalten wie dieser Martin Zeil, der nicht einmal die bayerischen Staatsstraßen schlaglochfrei halten kann, von einer »Datenautobahn« faseln. Wo steht denn Bayern beim Breitbandinternet? An zehnter Stelle aller Bundesländer! Und jetzt stellt der Zeil ein Programm vor, mit dem sie höchstens einen Datenfeldweg teeren können.

Wenn die beim Ausbau ihrer Datenautobahn so weitermachen, brauchen sie 200 Jahre, bis sie in Bayern ein flächendeckendes Breitbandinternet haben. Bei diesem Tempo des Fortschritts hätte schon der Napoleon die ersten Glasfaserkabel verlegen müssen!

Und das, wo im Nachbarstaat Österreich längst flächendeckende Datenhighways existieren.
Es ist schon traurig, dass uns wieder mal die Österreicher zeigen müssen, wie man Autobahnen baut!

1.9.2010: Münchens Oberbürgermeister Christian Ude schließt eine Spitzenkandidatur in Bayern nicht mehr aus. 2013 tritt er möglicherweise für die SPD zu den Landtagswahlen an – gegen Amtsinhaber Horst Seehofer.

1. September 2011
Adrenalin oder Viagra

Da schau her, der Ude! Seine Kandidatur gegen den Seehofer wäre »Adrenalin für die SPD«, schreibt eine große Zeitung.
»Viagra« wäre zutreffender. Ein kurzes Aufbäumen, gefolgt von lähmender Erschlaffung.
Merken die in der SPD denn nicht, dass der Herr Ude diese Kandidatur nur als Streifenkarte für seine Reise in den politischen Ruhestand benutzt? Hier mal was entwerten, da mal was abstempeln, bis es dann heißt: Bitte alles aussteigen, dieser Zug endet hier.

2.9.2011: Im Frühjahr und Sommer 2011 hielt die »Problemkuh« Yvonne Bayern in Atem. Nachdem sie im Mai von der Weide ihres Besitzers entwichen ist, irrt sie monatelang durchs Unterland, bevor sie am 2. September bei Ampfing gefunden, betäubt und dann auf den Gnadenhof Gut Aiderbichl verbracht wird.

2. September 2011
Das Problem mit den Kühen

Heute in allen Zeitungen: Die Problemkuh Yvonne ist eingefangen und bekommt ihr Gnadenbrot auf Gut Aiderbichl.

Dann bleibt eigentlich nur noch die Frage: Was machen wir mit den Problemkühen Ilse und Christine? Und dem Problemochsen Horst?

2.11.2011: Bundesverkehrsminister Peter Ramsauer veröffentlicht eine von ihm selbst eingespielte Klavier-CD mit dem Titel: »Adagio im Auto – stressfrei und sicher fahren«.

2. November 2011
Klimpern für den Gaga-Liner

Schade, dass die hier oben keinen CD-Spieler haben – ich hätt mir ja zu gerne angehört, was der Ramsauer jetzt vorgestellt hat. Vielleicht spielt er ja besser Klavier, als er Politik macht.

»Adagio im Auto« soll sie heißen, seine CD. Aha, da weiß man dann wenigstens, wenn einer vor einem mit 80 auf der Autobahn daherschleicht, was der gerade für eine Scheibe eingelegt hat. Adagio! Da kann der Ramsauer ja gleich eine allgemeine Geschwindigkeitsbegrenzung einführen – weiß der denn nicht, dass deutsche Autofahrer auf der Autobahn am liebsten »prestissimo« unterwegs sind?

Aber irgendwie ist dem Mann eh nicht mehr zu helfen. An was hat der sich in seiner Amtszeit schon alles abgearbeitet: am Punktekatalog, am Kampfradler – (das klingt ja wie ein Getränk für komasaufende Jugendliche), am Gigaliner … Ich bin gespannt, was ihm als Nächstes einfällt. Der Krampfradler? Oder der Gagaliner?

Jeden Tag treibt er eine neue Sau durchs Dorf, und wenn's der Mozart für Autofahrer ist. Man könnte auch sagen: Operative Hektik ersetzt geistige Windstille. Das richtige Ministerium für einen wie den Ramsauer müsste erst noch geschaffen werden.

Vielleicht ein Ministerium, das sich mit besonderen Klimaphänomenen beschäftigt: mit Stürmen im Wasserglas und heißer Luft. Da könnte sich der Ramsauer bei der Energie-

wende nützlich machen, als Dampfplauderkraftwerk Ramsauer Eins.
Wenn der noch weiter Politik mit Showbusiness verwechselt, dann wird er vielleicht noch der Thomas Gottschalk der CSU.
Bloß dass man den Gottschalk absetzen kann, wenn die Quote nicht stimmt.

29.11.2011: Die Paulaner-Brauerei will nach 377 Jahren im Münchner Stadtteil Au nach Langwied am Stadtrand umziehen. Am alten Standort wird ein 85 000 Quadratmeter großes Areal frei – Platz für Hunderte von Wohnungen.

29. November 2011
Globalisiertes Derblecken

So, jetzt ist's heraußen. Paulaner bricht die Zelte am Nockherberg ab. Die Brauerei zieht auf die grüne Wiese nach Langwied, das Gelände am Nockherberg wird bebaut.
Biergarten und Gaststätte sollen bleiben. Freilich, sonst hätt' sich das Abbrennen vor zwölf Jahren ja nicht rentiert.
Und dieser »Derbleck«-Zirkus, dieser Almauftrieb der Politiker, bleibt auch droben auf dem Nockherberg ... Schad, eigentlich, das wäre doch DIE Chance für einen Neuanfang der Veranstaltung gewesen: der Anstich des ersten Salvator-Containers, live aus der Bierfabrik in Langwied.
Dann brauchen s' eigentlich nur noch die Bavaria durch eine Figur namens Heinecken – das kleine Heinerlein – er-

setzen, und schon könnte ein internationales Derblecken losgehen.
Eigentlich ist es ja schon erstaunlich, dass es in Bayern überhaupt noch Brauereien gibt, die sich ernsthaft mit Bier beschäftigen.
Schon mein Schwiegervater, Max Zwicknagl, der Kaiserbräu von Rott am Inn, hat 1957 zu mir gesagt: »Franz Josef, unsere Brauerei wäre ein prosperierendes Unternehmen, wenn wir nicht dieses Drecksbier an der Backe hätten.«
Und auch mein alter Freund Josef Schörghuber hat unter dem Siegel der Verschwiegenheit zu mir gesagt: »Strauß, wer in einer großen Immobilienfirma wie einer bayerischen Brauerei für die Getränke zuständig ist, ist eine arme Sau.«

30.11.2011: Freie-Wähler-Chef Hubert Aiwanger lädt SPD-Spitzenkandidat Christian Ude zu einem Kennenlerngespräch auf seinen Bauernhof nach Rottenburg ein.

30. November 2011
Ferkeleien mit Aiwanger

Was für ein Bild, der Ude im Trachtenjanker beim Aiwanger auf dem Bauernhof! Politisierender Schwabinger Hobbykabarettist trifft auf Rottenburger Scheinlandwirt, der sich als dauergrinsendes Dialektwunder mit einer Partei ohne Programm auf dem Weg zur Weltherrschaft wähnt. Es ist ja gut und schön, wenn einer Landwirt ist, aber muss er deshalb als wild gewordene Polit-Rampensau in jedes Mikrofon grunzen, das ihm hingehalten wird?

Und was macht die CSU? Sie zittert vor diesem Aiwanger und seinen Freien Wählern!* Dabei haben wir dem doch schon vor 20 Jahren über die Hanns-Seidel-Stiftung sein Studium finanziert, da werden wir ihn uns heute grade noch leisten können.
Der Aiwanger wird es sowieso nie schaffen, gegen die CSU an die Regierung zu kommen, und wenn er sich zehnmal mit dem Ude zusammentut. Dem Ude, der es nicht einmal gepackt hat, den Koreanern die Olympischen Winterspiele wegzunehmen! Wie will denn so einer der CSU in Bayern die Mehrheit abjagen?
Kann schon sein, dass das den Wählern gefällt, wenn der Ude auf dem Aiwanger seinem Bauernhof ein Ferkel in die Luft hebt, um den Wählern zu gefallen, aber dann muss der Horst halt einmal den Aiwanger selber hochheben, dann sagt der Wähler: »Respekt, der Seehofer kann sogar ein ganzes Rindviech stemmen!«

* Überhaupt, was soll denn das, freie Wähler?
So etwas hat es doch zu meiner Zeit in Bayern gar nicht gegeben. Wie soll denn die CSU auf 50 Prozent plus X kommen, wenn der Wähler frei ist? Früher war in Bayern die Welt noch noch in Ordnung, da hat's bei den Kaffeehäusern draußen nur Kännchen gegeben und im Wahllokal nur die CSU.

2012

4.1.2012: Die CSU hat zum ersten Mal seit Jahren wieder ein Umfragehoch bei 46 Prozent.

4. Januar 2012
»Hoch« ist relativ

Jetzt feiern die in der CSU doch glatt schon ein Demoskopie-Ergebnis, bei dem sie auf 46 Prozent kommen, als UmfrageHOCH! In Worten: Sechsundvierzig Prozent! Das wäre zu meiner Zeit noch ein Tief gewesen, das ICH postwendend in ein STURMtief verwandelt hätte. 50 plus X, das war meine Devise, alles andere ist indiskutabel.

Aber das ist für diese buttermilchgesäugten Polit-Pygmäen, die da heute an den Schaltstellen der CSU herumfuhrwerken, nicht mehr maßgeblich. Die tun einfach so, als hätten sie in Bayern die Mathematik neu erfunden, und stellen die Formel auf: $50 + x = 46$!

Da schwurbelt dieser Seehofer herum: das »relativ hohe Maß an Vertrauen der Bevölkerung« ist bemerkenswert. Alles ist relativ, möchte man ihm mit Albert Einstein* zurufen. Es soll Leute geben, die schon Höhenluft schnuppern, nur weil sie mühsam vom fünften Kellergeschoss ins vierte hochgeklettert sind und dabei gerade mal den Kohlenkeller mit dem Kartoffelkeller vertauscht haben.

* Einstein war zwar ein Chaot, wie ich in meinen Erinnerungen sehr deutlich festgehalten habe, aber seine Formeln waren auf jeden Fall ordentlicher durchdacht als die von Dobrindt und Seehofer.

24.1.2012: 2012 ist das große Jubiläumsjahr Friedrichs des Großen, der am 24. Januar 1712 geboren wurde. Anlässlich des runden Geburtstags wird Friedrich II. von Preußen in zahlreichen Sonderveranstaltungen geehrt. In Potsdam beginnt ein Friedrich-von-Preußen-Jahr.

24. Januar 2012
Happy Birthday, Alter Fritz

300 Jahre Alter Fritz. Pah. Da sollen s' lieber 97 Jahre Alter Franz feiern, da hätten s' mehr davon!

17.2.2012: Christian Wulff tritt vom Amt des Bundespräsidenten zurück und begründet seinen Schritt mit geschwundenem Vertrauen.

17. Februar 2012
Ein beschenkter Gaul

Im Grunde genommen kann er einem ja nur leidtun, dieser Wulff – nicht wegen seines Rücktritts –, meinetwegen hätte der das Amt überhaupt nicht antreten müssen, sondern weil die Vorstellung, die er abgeliefert hat, mehr als erbärmlich war. Urlaubsflüge hat er geschenkt bekommen und ein Bobbycar, von einem Marmeladenhersteller hat er sich zum Münchner Filmball einladen lassen* – oh mei! Was sind denn das für Kindergartenskandälchen?

* Mit Marmelade am Hintern steigt man nicht in die Kaviaretage auf. Da bleibt man höchstens an seinem Stuhl kleben, bis es zu spät ist.

Und dann diese Klinkerbude da in Großburgwedel, über die sich alle so aufregen – ganz gleich, ob die jetzt hübsch ist oder hässlich oder hübsch hässlich, Tatsache ist doch, dass ein Ministerpräsident, der sich von einem befreundeten Unternehmer 500 000 Euro LEIHEN muss, wirklich alles falsch gemacht hat. Zu meiner Zeit hat man solche Summen noch geschenkt bekommen. Dabei will ich überhaupt nicht verhehlen, dass auch ich aus kleinen Verhältnissen stamme. Ich habe mir weiß Gott vieles vom Munde abgespart, aber halt nicht von meinem eigenen.

Am 8.3.2012 wird Philipp Rösler während eines Rundgangs auf der Messe Cebit mit einem Tortenstück beworfen. Beim Täter handelt es sich um einen 25-Jährigen, der noch vor Ort von Sicherheitsleuten des BKA festgenommen wird. Philipp Rösler erstattet Strafanzeige.

8. März 2012
Tortenwurf auf Rösler

Schad um die Torte.

14.3.2012: Bundesfamilienministerin Kristina Schröder fordert analog zum Elterngeld ein Großelterngeld.

14. März 2012
Wann kommt das Urgroßelterngeld?

Ich hatte ja weiß Gott nie etwas dagegen, wenn Frauen kreative Ideen haben, auch bei nicht ganz so kreativen Ideen von Frauen hab ich als Gentleman ein Auge zugedrückt, aber was diese Kristina Schröder als Familienministerin zusammenstopselt, nähert sich langsam der Debilitätsgrenze.

Kein Wunder bei einer, die sich damit brüstet, dass sie sich in ihrer Jugend ein Bild von Helmut Kohl übers Bett gehängt hat. Da fragt man sich schon, warum haben die Eltern da nicht eingegriffen, wenn die Tochter sich diesen pfälzischen Politpenner übers Bett hängt? Das ist doch ein Krankheitsbild, da kann man sich doch Hilfe holen! Da gibt's doch Tabletten.

Aber nein, stattdessen haben sie bei der CDU ihre Karriere befördert. Die haben die Schröder sogar noch zur Ministerin gemacht und sie damit vor einem therapeutischen Zugriff abgeschirmt.

Ob aber jetzt ein Ministeramt für eine so fehlgeleitete Kohlmeise wirklich die richtige Sicherungsverwahrung ist, das darf bezweifelt werden.

18.3.2012: Die Bundesversammlung wählt den früheren DDR-Bürgerrechtler Joachim Gauck im ersten Wahlgang mit gut 80 Prozent der Stimmen zum elften Präsidenten der Bundesrepublik Deutschland.

18. März 2012
Gauck wird Bundespräsident

Zweiter Anlauf, und schon klappt's: Jetzt kriegen wir doch noch den Gauck als Bundespräsidenten. Na ja, wenn so harte Konkurrenten wie der Wulff und der Köhler weg sind …

Und Vorschusslorbeeren hat er nicht zu knapp gekriegt, der neue Polit-Messias. Der Guttenberg 2.0. Der heilige Joachim von Rostock, der 1989 noch schnell als Letzter auf den Revolutionszug aufgesprungen ist und heute behauptet, er sei der Lokführer gewesen!

Trotzdem fragt man sich, ob so viel Ostalgie wirklich sein muss:

Da haben wir mit dieser Merkel schon eine fastrussische Zonenwachtel im Kanzleramt, und jetzt noch einen ostdeutschen evangelischen Pfarrer in wilder Ehe als Generalvertreter für politische Binsenweisheiten im Schloss Bellevue! Das ist ja eine Personalsituation, da hätte man zu meiner Zeit noch den Verteidigungsfall ausgerufen. Vielleicht machen wir noch den Schalck-Golodkowski zum Wirtschaftsminister und die Margot Honecker zur Botschafterin in Chile, dann hätte die DDR den Kalten Krieg doch noch gewonnen.*

* Honecker ist von meiner Idee begeistert. Armer Irrer.

3.5.2012: Immer mehr westliche Staats- und Regierungschef sagen ihre Besuche bei der Fußball-Europameisterschaft in der Ukraine ab, um gegen die Inhaftierung der Oppositionspolitikerin Julia Timoschenko zu protestieren. In einer Meinungsumfrage finden das 75 Prozent der Deutschen gut.

4. Mai 2012
Sozialistische Bandscheiben

Solche Boykottankündigungen können schwer ins Auge gehen. Die Drohung mit der eigenen Abwesenheit. Gerade bei diesem Gauck, der als einer der ersten seinen Besuch in der Ukraine abgesagt hat. Jeder, der schon mal Gastgeber war, weiß, dass die Aussage »Ich komme nicht« bei manchen anderen Gästen große Erleichterung hervorrufen kann.*

Aber jetzt im Rahmen der EM fast einen kalten Krieg mit der Ukraine zu riskieren, nur weil eine Oppositionspolitikerin einen Bandscheibenvorfall hat, was soll denn das?

Ich bin weiß Gott viel gereist. Nach Albanien, Südafrika, Chile und in andere befreundete Diktaturen. Da, wenn ich jede oppositionelle Bandscheibe schon als Vorfall gewertet hätte, wäre ich mein Lebtag nicht aus Bayern rausgekommen!

* Das traf natürlich nicht auf mein Fernbleiben von diversen »Elefantenrunden« in Bonn zu. Ich erinnere nur an die legendäre Bonner Runde von 1987, wo das ganze Studio traurig war, weil ich erst verspätet zugeschaltet wurde. Ich selber wollte ja an diesem Abend nicht mehr ins Fernsehen, aber dieser Wolf Feller hat mich in München unbedingt vor die Kamera zerren müssen.

8.5.2012: Nur ein paar hundert Gäste finden den Weg in die Münchner Nobeldisco P1, wo Horst Seehofer via Facebook zu einer Party geladen hat.

8. Mai 2012
Gefällt mir – nicht

Also, was dieser Seehofer alles aufbietet, nur um dem Wähler zu gefallen!
Da muss dieser nach politischer Frühlingsluft japsende Ingolstädter Donaukarpfen jetzt schon auf Facebook in eine Münchner Nobeldiscothek einladen, damit ihm überhaupt noch jemand zuhört.
Aber mal ganz ehrlich: Es ist doch lächerlich zu glauben, dass einen junge Menschen schon deshalb wählen, nur weil man sich via Facebook und Twitter an sie ranwanzt. Ich habe in Bayern überwältigende Mehrheiten geholt, obwohl zu meiner Zeit ein Prozessor noch ein Streithansl war und ich zum Mobiltelefonieren ein ganzes Auto gebraucht habe.

17.6.2012: Die dritte Startbahn am Flughafen kann nicht wie geplant gebaut werden. Bei einem Bürgerentscheid in der Landeshauptstadt stimmt die Mehrheit der Wähler gegen das umstrittene Milliardenprojekt.

17. Juni 2012
Mein Flughafen mit nur zwei Startbahnen? Niemals!

Saubere Bürger sind das, die sich da in diesem sogenannten Bürgerentscheid gegen die dritte Startbahn ausgesprochen haben: In der Wahlkabine spielen sie die großen Luftverkehrsgegner, und hinterher wollen s' dann doch wieder in den Urlaub fliegen.

Selbstverständlich braucht mein Flughafen eine dritte Startbahn, das ist doch überhaupt keine Frage, wenn's sein muss, braucht der auch eine vierte, eine fünfte, der braucht sieben Startbahnen, für jeden Wochentag eine!

Allein schon deshalb, weil ich mehr Startbahnen brauche als dieser neue Flughafen da in Ostberlin, dieser Willy-Brandt-Airport, dieser Weinbrand-Willy-Landeplatz, dieses Rollfeld Herbert Frahm.

Aber eines war schon komisch im Vorfeld dieses sogenannten Bürgerentscheids. Da sind die Münchner Wiesnwirte öffentlich für eine dritte Startbahn eingetreten. Ja, was haben s' denn denen in die Biercontainer geschüttet? Was haben denn die davon, wenn noch mehr Leute in München landen? Die haben jetzt schon keinen Platz mehr in ihren Zelten!

2.8.2012: Das bayerische Kabinett beschließt eine Reform des achtjährigen Gymnasiums. Nach den neuen Plänen sollen einzelne Schüler in Bayern ihre Zeit bis zum Abitur bald freiwillig um ein Jahr verlängern können. Das G8+1 wird geboren.

2. August 2012
Höhere Mathematik

Kaum sind die Sommerferien angegangen, basteln s' schon wieder am Schulsystem herum. Aus dem G8 wird jetzt ein G8 plus 1. Das konnte ja nicht hinhauen mit diesem hirnverbrannten G8. Also doch wieder neun Schuljahre, der Strauß hat's ja gleich gesagt.*

Aber nein, tönt da der Spaenle, der selbsternannte Adam Riese im Kultusministerium, G8+1 ist kleiner G9. Es kommt nur die Möglichkeit dazu, ein »freiwilliges, zusätzliches Schuljahr« zu machen.

Ja, haben die jetzt im bayerischen Kultusministerium nach der Rechtschreibreform schon eine eigene Mathematik entwickelt, das Kleinrechnen?

Es gab früher in Bayern eine Maßeinheit für Kultusminister, das war ein Maier. Gut, ich will es nicht verhehlen, ich habe ja selbst einmal gesagt, ein ganzer Maier ist zu viel als Kultusminister, da reicht auch ein Zehntel Maier, kurz Zehetmair. Selbst Stoiber hat noch gewusst: Ein bisschen Maier im Kultusministerium muss sein, auch wenn es bloß eine HOHLmaier** ist.

* Siehe meinen Eintrag vom 14.9.2004. Hoffentlich wird in diesem freiwilligen zusätzlichen Jahr ausschließlich Latein gepaukt, damit auch zukünftige Generationen meine Reden noch verstehen.

** Die Monika hätte bei dem Namen Strauß bleiben sollen, dann hätte sie sich diesen undankbaren Ausflug ins Kultusministerium erspart und wäre längst Ministerpräsidentin.

Aber dann haben sie ja gemeint, sie müssten meine Tochter via Oberfranken nach Brüssel entsorgen und haben den Schneider geholt, die Schafkopfer täten sagen, jetzt waren sie nicht einmal mehr schneiderfrei, und jetzt sind sie schließlich bei einem Kultusminister angelangt, der die Verkleinerungsform schon im Namen trägt. Spaenle. Wo gehobelt wird, fliegen die Spaenle.
Und der tut jetzt so, als wolle er in Bayern ein Brillantfeuerwerk der Bildungsreform abbrennen.
Aber mit einem vor Eifer glühenden Spaenle zündet man kein Brillantfeuerwerk! Mit dem kann man höchstens ein schulpolitisches Strohfeuer entfachen.

9.8.2012: Ex-Bundespräsidenten-Gattin Bettina Wulff klagt gegen die Internet-Suchmaschine Google. Google soll durch die Klage dazu gebracht werden, dass bei der Eingabe von »Bettina Wulff« keine Suchvorschläge wie »Rotlichtvergangenheit« oder »Escort« auftauchen.

9. August 2012
Wer sucht, der findet

Jetzt, wo wir diesen Klinkerputzer Wulff gerade mal weiter haben, steht schon wieder seine profilneurotische Gattin in allen Schlagzeilen.
Da klagt die gegen diese Internet-Suchmaschine, weil bei Anfragen hinter ihrem Namen angeblich immer »Escort« steht.* Das sei entwürdigend. Ich sehe das anders. Die muss ja froh sein, dass da »Escort« steht, normalerweise gehört bei der »Trabant« hin, »VW Käfer« oder schlicht und einfach: »Bobbycar«.

* Ich habe spaßeshalber dieser Suchmaschine einmal auf den Zahn gefühlt und von einem EDV-Engel ein paar bekannte Namen eingeben lassen.
Gibt man »Wehner« ein, dann kommt folgendes: *Wehner Motors* und *Wehner Immobilien* – nachweislich lauter Dinge, mit denen es ein Sozialist von Wehners Prägung nie so gehabt hat.
Bei »Honecker« ist die Ausbeute etwas besser, aber auch nicht zufriedenstellend: *Witze*, *Bunker*, *Margot*.
Und bei »Kohl«: *Kohlenhydrate, Kohlrabi, Kohlensäure* ...
Lediglich bei »Strauß« ist die Maschine in der Lage, exakte Ergebnisse zu liefern: *Straußenfarm* (die von mir zu einem geflügelten Wort erhobene »Ananasfarm in Alaska«), *Straußwirtschaft* (ein anderes – und ungleich präziseres – Wort für »Spezlwirtschaft«), *Straußenei* (die in Bayern gängige Bezeichnung für eine Süßigkeit, die anderswo »Überraschungsei« heißt – geht wohl darauf zurück, dass ICH immer für eine Überraschung gut war).

30.8.2012: Wilfried Scharnagel, langjähriger Weggefährte von FJS und früherer Chefredakteur des »Bayernkuriers«, stellt sein Buch mit dem Titel »Bayern kann es auch allein« vor – ein Plädoyer für die Eigenstaatlichkeit Bayerns.

30. August 2012
ICH kann es auch allein

Was ist denn auf einmal in meinen alten Freund Wilfried Scharnagl gefahren? Zu meinen Lebzeiten hat er sich vehement dafür eingesetzt, dass ich Bundeskanzler werde – nach dem Motto »Am bayerischen Wesen soll die Bundesrepublik genesen«, und jetzt stellt er auf einmal ein Buch vor mit dem Titel: »Bayern kann es auch allein!« – so als könnte Bayern seit meinem Weggang noch irgendwas.

Und überhaupt: WIE will er das denn bitte in der Praxis bewerkstelligen?

Da müsste er ja eine bayerische Befreiungsarmee gründen, eine Lederhosenguerilla, vielleicht mit dem Gauweiler als Che Guevara der CSU, die dann lediglich der politische Arm dieser Gamsbart-IRA wäre.

Ich muss leider sagen: Wenn man sich anschaut, wie mein alter Freund Wilfried Scharnagl in Talksendungen und Kommentaren um publizistische Bedeutung heischend mit den Hufen scharrt, dann bekommt der Name »Scharr-Nagel« einen etwas abgestandenen Beigeschmack!

Oder wie Scharnagl der Ältere schon zu meiner Zeit immer gesagt hat: Ceterum censeo Scharnagelem non esse neglegendum!*

* Im Übrigen bin ich der Meinung, dass Scharnagl nicht übersehen werden darf! (Anmerkung des Übersetzers, also MIR)

Ich kann dem Scharnagl für seine Lederhosenguerilla unsere bewährte bayerische Miliz der Gebirgsschützen ans Herz legen, deren Parade ich als Oberbefehlshaber hier abnehme. Den Spion von der Bundeswehr (links hinten) haben wir nach der Parade als Geisel genommen, in einem Bierkeller festgehalten und so abgefüllt, dass er sich an dieses Erlebnis zeit seines Lebens nicht mehr erinnert hat.
Kleiner Tipp noch: Bei längeren Paraden die Hand an der Hutkrempe festkleben, dann fällt das Grüßen leichter.

21.8.2012: Der Münchner Oberbürgermeister-Kandidat Josef Schmid (CSU) gibt der Berliner »taz« ein Interview und äußert dabei Erstaunliches.

21. August 2012
Dem Schmid gehört was auf die »Taz«en

Da versuchen sie jetzt in der Münchner CSU verzweifelt, wieder so eine Schießbudenfigur als Münchner Oberbürgermeisterkandidat in Stellung zu bringen. Diesmal heißt der Pappkamerad Josef Schmid, genannt Seppi, und was macht dieser Seppi? Gibt ausgerechnet der »taz« ein Interview, diesem Berliner Revolverblatt, das ICH zu meiner Zeit nicht einmal ignoriert hätte, und befürwortet in Bausch und Bogen alles, was man an unterschiedlichen Positionen zu einem Thema nur haben kann: Familiensplitting, Erziehungsgeld UND die steuerliche Gleichstellung der Homo-Ehe … also Seppi, jetzt mach mal halblang: Wenn du im Stadtrat die mangelnde Ausstattung der städtischen Münchner Schulen kritisierst, dann solltest du ihnen wenigstens nicht für ein »taz«-Interview die gesamten Kreidebestände auffressen!

Und das Höchste an dem Interview ist ja, dass du als Kronzeugen dafür, dass du so »offen und vielfältig« bist, ausgerechnet mich zitierst: »Konservativ sein heißt, an der Spitze des Fortschritts zu marschieren.«

Dazu fällt mir im Zusammenhang mit dir ein ganz anderes Zitat von mir ein, Sepp: »Everybody's darling is everybody's Depp.«

11.9.2012: Sternekoch Eckart Witzigmann macht in einem Zeitungsinterview den Vorschlag, durch die Erhebung eines Eintrittsgelds der chronischen Überfüllung der Oktoberfestzelte entgegenzuwirken.

11. September 2012
Wie witzig, Mann

Dieser Herr Witzigmann hat ja wieder einmal seinem Namen alle Ehre gemacht! Eintrittsgeld für Wiesnzelte! Fehlt eigentlich nur noch, dass jemand darauf auch noch eine Vorverkaufsgebühr erhebt.

Wer mich kennt, weiß, dass ich der kreativen Geldvermehrung nie abgeneigt war, aber wenn es jetzt so weit gekommen ist, dass man in den Besuchern auf der Wiesn ein Problem sieht, dann soll man doch bitte gleich oben an der U-Bahn einen Container aufstellen. Einen richtig schönen, bayerischen Container im Landhausstil, mit weiß-blauen Girlanden und Geranien und ganz vielen Schlitzen drin, in die man sein Geld hineinwerfen kann. Raus aus der U-Bahn, rauf zum Container, Geld reinwerfen und gleich wieder heim – und das rund um die Uhr, ohne Sperrstunde!

Und der Höhepunkt der Wiesn wäre dann, wenn die Wiesnwirte am letzten Sonntag in einem großen Festzug in historischer Tracht daherkommen und den Container von einem Sechsergespann Braurösser wegziehen lassen und das Geld auf ihre Banken bringen.

Das ist dann der Bank-Einzug der Wiesnwirte.

14.9.2012: Ein amerikanischer Film, in dem angeblich der Prophet Mohammed verunglimpft wird, führt in mehreren arabischen Ländern zu Anschlägen auf westliche Botschaften.

14. September 2012
Diplomaten auf dem Campingplatz?

Also ein bisserl empfindlich sind sie ja schon, diese radikalen Islamisten. Kaum erscheint irgendwo auf der Welt ein Film oder eine Karikatur, die ihnen nicht gefällt, fangen sie schon zu zündeln an.

Was hätte denn da ICH sagen sollen? Wenn ich jedes Mal, wenn irgendwo eine Karikatur über mich erschienen ist, eine Botschaft angezündet hätte, würden noch heute sämtliche Diplomaten dieser Welt auf Campingplätzen hausen.

3.10.2012: Die zentrale Feier zum Tag der Deutschen Einheit wird 2012 vom Freistaat Bayern ausgerichtet. Dazu gibt es einen Festakt in der Residenz und eine Einheitsfeier auf dem Münchner Odeonsplatz.

3. Oktober 2012
Schrumpfen statt wachsen

Meine Meinung zu der äußerst unglücklichen Wahl des 3. Oktobers zum »Tag der Deutschen Einheit« ist ja hinlänglich bekannt, aber das, was die da heute in München aufführen, schlägt dem Fass noch zusätzlich den Boden aus: Da lädt man an MEINEM Todestag zu Volksbelustigungen von der Hüpfburg bis zum Trachtenfest ein, und das Ganze steht dann auch noch unter dem windelweichen Motto »Gemeinsam feiern im Freistaat Bayern!«. Welchem Schlumpfpoeten in der Staatskanzlei ist denn dieser Reim eingefallen? Gemeinsam feiern im Freistaat Bayern, wo es im Osten noch vielerorts heißt: »Schrumpfen statt wachsen im Freistaat Sachsen« – so schaut doch die Realität aus, 23 Jahre nach dieser Kohlschen Wiedervereinigung.

Bloß weil er immer behauptet, er sei vom Mantel der Geschichte gestreift worden! Das war doch höchstens eine DDR-Windjacke Modell »Exquisit«.*

* Honecker besteht darauf, dass ich diesem Beitrag folgende Stellungnahme von ihm beifüge:
»Der Sozialismus ermöglicht eine gute Kleidung für alle, ohne Standesprivilegien, ohne luxuriöse Überspitzungen, aber von geschultem Geschmack und mit Freude an Farbe und Form. Schlicht, ohne Firlefanz, mit klarer Linie. Gerade die in volkseigenen Betrieben hergestellten Synthetikstoffe garantieren zu jeder Zeit ein ebenso schickes wie tadelloses Aussehen. Dem Reklamespruch ›Gehst du Lederol gekleidet, jeder Westler dich beneidet‹ ist nichts hinzuzufügen.«
Anmerkung von MIR: Der Mann klingt wie ein DDR-Textil-Lexikon.

Jeder, der mich kennt, weiß, dass die Deutsche Einheit für mich kein Tabu und auch kein Hirngespinst war. Nein, ich war ein Deutschlandpolitiker ersten Ranges. Was ich alleine zusammen mit Alexander Schalck-Golodkowski und Josef März an Schweinehälften verschoben habe, hat dieser Saubande in Ostberlin Zugeständnisse in einem Maße abgenötigt, von dem ein Willy Brandt und seine sozialdemokratischen Bonsai-Diplomaten mit ihren Transit- und Grundlagenverträgen nur träumen konnten. Was ich mit der DDR betrieben habe, war ein blühender Handel, gegen den sich die »blühenden Landschaften«, die dieser Kohl so vollmundig versprochen hat, ausnehmen wie sibirische Eiswüsten.

Da salbadern die Sonntagsredner auf dieser Einheitsfeier was daher von der Mauer in den Köpfen, die es immer noch abzureißen gilt, aber die eigentliche Trennlinie in Deutschland verläuft nicht von Ost nach West, sondern da, wo sie bis 1871 war: zwischen Preußen und Bayern. Zwischen dem barocken Süden und dem blutleeren Norden. Wie kann es anders sein, dass ICH damals bei meiner Kanzlerkandidatur unterhalb des Weißwurstäquators 60 Prozent geholt habe und oberhalb nicht angekommen bin?

11.10.2012: Als erster lebender deutscher Politiker wird Helmut Kohl auf einer 55-Cent-Sondermarke mit dem Titel »Kanzler der Einheit – Ehrenbürger Europas« geehrt.

11. Oktober 2012
Die Segnungen des Internets

Zum Glück gibt's E-Mail!

26.10.2012: 50 Jahre ist es her, dass die Redaktionsräume des »Spiegels«, der mit einem Artikel über die Bundeswehr angeblich Geheimnisse verraten hat, durchsucht wurden. Auf Veranlassung von Franz Josef Strauß wurden später Herausgeber Rudolf Augstein und Redakteur Conrad Ahlers verhaftet. Die »Spiegel«-Affäre, die am Schluss Strauß das Amt des Verteidigungsministers kostete, nahm ihren Anfang.

26. Oktober 2012
Spieglein, Spieglein an der Wand …

Jetzt ist es wieder so weit, jetzt wird aus Anlass des 50. Jahrestages dieser ominösen »Spiegel«-Affäre wieder in düsteren Farben das Zerrbild vom Dämon Strauß an die Wand gepinselt, der unter Umgehung sämtlicher demokratischer Grundregeln die Ordnung der Bundesrepublik Deutschland auf den Kopf gestellt habe.
Dazu muss ich posthum schon noch die eine oder andere Bemerkung machen. Dieses sogenannte Nachrichtenmagazin wäre heute doch schon längst von der publizisti-

schen Bildfläche verschwunden, wenn ICH ihm nicht mit meinen Affären die dritte, vierte und fünfte Luft eingehaucht hätte. Nur durch meine Anweisung, die halbe »Spiegel«-Chefredaktion verhaften zu lassen, ist dieses Hamburger Schmierblatt doch erst groß geworden.*
Wenn ich heute in der gleichen Situation wäre wie damals, dann wüsste ich nicht, wen von diesen Journalisten ich verhaften lassen sollte. Man muss sie sich doch nur einmal anschauen, diese Schirrmachers und Di Lorenzos. Das Einzige, was die noch enthüllen, sind doch die Denkmäler ihrer eigenen Eitelkeit! Lassen Praktikanten unentgeltlich recherchieren, während sie sich in Talkshows rumtreiben. Von diesem Toskana-Journalismus geht nun wahrlich keine Gefahr mehr aus.

14.12.2012: Horst Seehofer geht auf einer Weihnachtsfeier mit der CSU hart ins Gericht. Vor allem Finanzminister Söder kriegt sein Fett weg, aber auch CSU-Bundespolitiker wie Peter Ramsauer bekommen den Zorn des Parteichefs zu spüren.

14. Dezember 2012
»Schmutzeleien«

Also, nach dem Auftritt, den der Seehofer da im Café Reitschule hingelegt hat, fragt man sich schon, ob er denselben Dopingarzt hat wie der Lance Armstrong oder ob er der nächste Nockherbergredner werden will.

* Vielleicht hätte ich den Wilfried Scharnagl, als er noch Chefredakteur war, ein paar Mal verhaften lassen sollen, dann wäre der »Bayernkurier« heute eine Zeitung von Weltgeltung!

Nichts gegen eine Standpauke. Wirklich nicht. Ich war immer ein führendes Mitglied im Verein für deutliche Aussprache, aber zu meiner Zeit hat die Partei sich meine Standpauken demütig angehört und nicht hinterher gegen mich aufgemuckt.
Da hat der Seehofer über den Söder gesagt, er habe charakterliche Schwächen und sei vom Ehrgeiz zerfressen. Da sagt er *einmal* die Wahrheit, und prompt stellt sich die Partei gegen ihn. Dieser verdruxte Sauhaufen, der die Frechheit besitzt, sich immer noch als MEINE CSU zu bezeichnen.
Vor diesem Hintergrund ist es ja besonders pikant, wenn der Seehofer auf die »alte CSU« schimpft. In dieser »alten CSU« hätte ich in so einem Fall einmal mit dem Finger geschnippt, und der Tandler hätte mir eine neue Partei gebracht.
Wenn einer so gegen sein Personal vom Leder zieht wie der Seehofer, dann muss er sich schon einmal fragen lassen: Wer hat denn diese Schießbudenfiguren überhaupt installiert? Die sind ja nicht vom Himmel gefallen, die hat doch der Seehofer selber inthronisiert.
Und wenn man sie schon beschimpft, die inhaltslosen Politikerminiaturen, dann setzt man sich vorher doch fünf Minuten hin und überlegt sich ein paar treffende Schimpfworte. Wie kann man denn einen Ramsauer »Zar Peter« nennen? Der Ramsauer hat nicht nur einen Namen, der klingt wie ein Auffahrunfall, sondern auch die politische Erfolgsbilanz von einem Gartenzwerg nach dem ersten Wintereinbruch. Für so einen brauch ich doch meine Schimpfworte nicht in Vergleichen mit dem russischen Hochadel zu suchen.

2013

23.1.2013: Ein Bericht im »Stern« über eine von anzüglichen Bemerkungen geprägte Begegnung einer Journalistin mit FDP-Spitzenkandidat Rainer Brüderle löst in Deutschland eine Debatte über Sexismus in der Politik aus.

23. Januar 2013
Der Strauss-Kahn aus der Pfalz

Ja, fängt jetzt das Sommerloch bei der deutschen Journaille jetzt schon im Januar an? Haben die denn kein anderes Thema als die traurigen Anmachversuche eines Rainer Brüderle? Da stilisieren sie den jetzt zum Strauss-Kahn aus der Pfalz hoch, bloß weil der vor einem Jahr einer Journalistin zu tief in den Ausschnitt geschaut hat. Das »Luder Brüderle« ist ja nicht einmal ein »Bruder Liederle«, wenn ich mir einmal einen kleinen Schüttelreim erlauben darf.

Dem Brüderle Sexismus vorzuwerfen ist doch lächerlich, »betreutes Flirten« hätte doch viel besser gepasst.

13.2.2013: Beim politischen Aschermittwoch der CSU tritt neben Horst Seehofer und Alexander Dobrindt auch Edmund Stoiber als Redner auf.

13. Februar 2013
Langweiler im Dreierpack

Muss wieder mal konstatieren, auf was für erbärmliche Selbstbeweihräucherungskonvente meine Partei heutzutage das Etikett »Politischer Aschermittwoch« klebt.

Was meine ehemals stolze CSU inzwischen mit Dobrindt, Seehofer und Stoiber in Passau abzieht, müsste eigentlich die sofortige Umbenennung der Dreiländerhalle in Drei-Langweiler-Halle zur Folge haben! Erst redet der Stoiber den Saal ins Koma, dann kommt der Seehofer und ist nach zehn Minuten heiser, und anschließend behauptet der Dobrindt, wir hätten einen Höhepunkt erlebt. Ja, auf welchem Planeten ist denn der daheim?

Allein schon die Tatsache, dass dieser Charisma-schutzgeimpfte Westentaschen-Rhetoriker 7100 Zuschauer in diese Dreiländerhalle hineinfantasiert, obwohl die nur 4000 Personen fasst, zeigt überdeutlich, in welchem selbstgezimmerten Paralleluniversum sich die CSU heutzutage aufhält.

Zu meiner Zeit haben wir noch die Zahl der Gegendemonstranten nach unten korrigiert und nicht die unserer Anhänger nach oben frisiert.

15.2.2013: Der Skandal, Pferdefleisch sei in Lasagne verarbeitet worden, trifft zahlreiche deutsche Betriebe. Laut Verbraucherministerium haben 124 Händler, Metzger und Lebensmittelfirmen falsch deklariertes Fleisch aus den Niederlanden bezogen. Betroffen seien 14 von 16 Bundesländern.

15. Februar 2013
Zum Wiehern

Das ist Europa: Wenn Brüssel in Rumänien die Pferdefuhrwerke verbietet, die Mähren deshalb massenweise geschlachtet werden, das Fleisch dann von Rumänien über die Niederlande in Frankreich zu Rindfleisch gemacht, das in Großbritannien zu italienischer Lasagne verarbeitet wird, die in Deutschland aus den Kühlregalen fliegt.
Und da kommt dann diese Ilse Aigner daher, diese zerzupfte Dioxinhenne, und sagt, sie habe die Lage jetzt im Griff. Was will denn die in deutschen Tiefkühlregalen aufräumen? So wie die an den Fäden der Agrarlobby hängt, kann sie höchstens in der Augsburger Puppenkiste als Urmel aus dem Eis auftreten.

4.3.2013: Kanzlerin Angela Merkel spricht sich gegen eine steuerliche Gleichstellung der Homo-Ehe aus.

4. März 2013
Lieber ein kalter Krieger …

Also jetzt muss ich schon auch einmal ein Wort zu dieser »Homo-Ehe« sagen.

Ich habe ja aus meiner Einstellung nie einen Hehl gemacht: »Lieber ein kalter Krieger als ein warmer Bruder«, aber wenn jetzt die Union das christliche Abendland untergehen sieht, bloß weil ein paar Schwule oder Lesben ein Ehegatten-Splitting beantragen, dann zeugt das schon von einer erbärmlichen Fantasielosigkeit.

Erst schafft diese Merkel die Wehrpflicht und die Atomkraft ab, und dann spielt sie sich zur heiligen Angela der Erzkonservativen auf. Und wer hält ihr den Steigbügel? Der Schildknappe Horst, der Seehofer! DIE Autorität, wenn es um die Heiligkeit der Ehe geht!

»In dieser Legislaturperiode« wird es die Gleichstellung homosexueller Paare mit ihm nicht geben, tönt der rum, der Seehofer. Dann halt in der nächsten, sind ja bloß noch ein paar Monate bis dahin!

Fehlt bloß, dass der Seehofer auf Facebook noch ein paar blöde Schwulenwitze reißt und dann wieder peinlichst zurückrudern muss.

Haben diese Dünnbrettbohrer denn nicht begriffen, was für eine Chance diese Homo-Ehe für sie ist? Ich kann mich doch nicht jahrelang über militante Schwulenproteste aufregen und dann die Homo-Ehe als Ende sämtlicher abendländischen Werte verdammen.

Wo man doch weiß, wie ruhig so mancher kesse Freibeuter im Hafen der Ehe schon geworden ist. Da sagt der eine Gatte zum anderen: »Du ziehst dir heut kein Lederkappi

auf, Schatzi, und demonstrierst halb nackert auf dem Christopher Street Day rum. Du bleibst sauber daheim und bügelst uns die Hemden, damit wir morgen im Büro was zum Anziehen haben.«
Das sind doch die wahren Segnungen der Ehe, dass die Leute aufgeräumt sind und keinen Blödsinn mehr anstellen. »Tu felix Austria, nube«, hat es einmal geheißen, aber für diese politischen Erstklässler von Merkel bis Seehofer sind die Buchstaben EHE ja anscheinend die Abkürzung für »errare humanum est«, irren ist menschlich.

13.3.2013: Im fünften Wahlgang des Konklaves wird der bisherige Erzbischof von Buenos Aires und Primas von Argentinien, Kardinal Jorge Mario Bergoglio, zum Nachfolger des zurückgetretenen Papstes Benedikt XVI. gewählt. Er nimmt den Papstnamen Franziskus an.

13. März 2013
Gaudium magnum

Heute muss ich wieder mal lateinisch anfangen: annuncio vobis gaudium magnum – ich verkünde Ihnen eine große Freude: Endlich ist dieses Konklave vorbei. Gott sei Dank.
Das war ja nicht mehr auszuhalten, dass die ganze Welt wie das Kaninchen vor der Schlange mit dem Ofenrohr auf den Petersplatz geschaut hat. Da lassen sie im Bayerischen Rundfunk tagelang des halbe Programm ausfallen, bloß damit die Chefredaktion in Rom irgendwelche Rauchzeichen kommentieren kann.
Ich frage mich schon, was passieren würde, wenn das Konklave mal drei Jahre lang dauern würde wie im Mittel-

alter. Dann hätt sich der Bayerische Rundfunk ja zwangsläufig in Radio Vatikan umbenennen müssen.
Andererseits: Was ist denn bei diesem Konklave schon groß passiert? Da haben sie den Stellvertreter vom Sohn vom Chef gewählt! Wenn ich jemals einen Stellvertreter für meinen Sohn Max hätte wählen müssen, dann hätte das keine drei Minuten gedauert, und das Einzige, was geraucht hätte, wär der Kopf vom Augsburger Staatsanwalt gewesen.
Aber was machen die in Rom? Die setzen sich zwei Tage zusammen, machen fünf Wahlgänge, und was kommt am Ende heraus? Ein Argentinier, der's selber kaum glauben kann, dass er der neue Papst ist! Ist denen denn nichts Besseres eingefallen? Der Mann ist ja so farblos, da hättens' ja gleich den Günther Beckstein wählen können, wenn der nicht Protestant wäre.
Gut, der Name von diesem neuen Papst ist ausbaufähig – Franziskus –, das muss ich zugeben, aber warum ist der neue Papst da auf halbem Wege stehen geblieben? Franziskus Josephus wäre doch viel besser gewesen.
Und man muss schon auch einmal sagen, das Konklave ist auch nicht mehr das, was es einmal war. Da hat man früher die Kardinäle in der Sixtinischen Kapelle eingemauert und nicht mehr rausgelassen, bis ein Kandidat die Zweidrittelmehrheit gekriegt hat.* Wenn man sich das einmal genauer überlegt, dann wär das vielleicht eine Idee für die CSU. Einfach die Wähler einmauern, bis eine Zweidrittelmehrheit beieinander ist.

* Honecker meint, in der DDR hätte er mit dem Einmauern der Wähler hervorragende Erfahrungen gemacht, da hat es für die SED sogar Wahlergebnisse von 98 Prozent gegeben: 50 Prozent mehr als das, was die CSU inzwischen als sensationelles Umfrageergebnis bezeichnet.

24.3.2013: Ministerpräsident Seehofer kündigt an, dass er in Bayern ein Heimatministerium schaffen will. Lokalpolitiker sollen dadurch mehr Verantwortung bekommen, und der Einfluss der EU soll vermindert werden.

24. März 2013
Was ist die Heimat des Bürokraten?
Ein Ministerium!

Was verstehen denn diese Witzfiguren, die sich heute als meine sogenannten Nachfolger in der bayerischen Regierung noch herumhüpfen trauen, noch von Heimat?

Da kündigt dieser Seehofer jetzt großschnäuzig an, nach seiner Wiederwahl im Herbst, da gründet er ein bayerisches Heimatministerium.

Ja haben s' den zu lange in der Donau gebadet?

Für was brauchen die denn in der bayerischen Regierung einen Heimatminister?

Soll das heißen, dass sich die anderen bayerischen Minister um Timbuktu kümmern oder was?

Gut, wenn man sich manche Gegenden in Bayern heute anschaut, dann kann man freilich durchaus den Eindruck gewinnen, dass diese Typen die bayerische Heimat vernachlässigt hätten, aber wenn die CSU jetzt für alles, was sie in den letzten Jahren vernachlässigt hat, ein eigenes Ministerium gründen will, dann bräuchten sie einen G8-Minister, einen Hypo-Alpe-Adria-Minister, einen NSU-Prozess-Organisationsminister und einen GBW-Wohnungsverschacherungsminister, da hätte der Freistaat Bayern eine Regierungsmannschaft beieinander, gegen die ist der chinesische Staatsapparat eine kleine Provinzverwaltung.

10.4.2013: Der Immobilienkonzern Patrizia erhält den Zuschlag im Milliarden-Poker um die 32 000 GBW-Wohnungen der Landesbank. Tausende von Mietern bangen nun um bezahlbaren Wohnraum.

10. April 2013
Ein Karpfen im Haifischbecken

Ich habe immer nach dem Motto gelebt: Mit voller Hose ist gut stinken. Das hätten sich meine sogenannten Nachfolger einmal zu Herzen nehmen sollen, diese hirnamputierten Politepigonen.

Nehmen S' bloß diese laare Hos'n Söder, der sich jetzt damit brüstet, dass er die GBW-Wohnungen an diese Heuschrecke Patrizia verschachert* hat. Wie borniert muss der sein zu glauben, dass er in einem Wahljahr 80 000 Mieter ungestraft vor den Kopf stoßen kann?

Und nicht einmal rechnen kann er, der Herr Finanzminister. Da verscherbelt er der Patrizia diese Wohnungen für durchschnittlich 75 000 Euro das Stück. 75 000 Euro in bester Münchner Wohnlage! Für das Geld kriegt man da gerade mal drei Tiefgaragenstellplätze. Aber so was kommt davon, wenn ein fränkischer Teichkarpfen im Becken von den Immobilienhaien mitschwimmen will.

Brüssel ist schuld, tönt jetzt der Söder. Ja, warum glaubt denn der Schlaumeier, dass die GBW-Wohnungen überhaupt verkauft werden müssen? Doch nicht, weil sich BRÜSSEL bei der Hypo-Alpe-Adria verzockt hat! Das war doch die Bayerische Landesbank, die beim Ankauf dieser balkanesischen Katastrophenbank zig Milliarden in

* Wir hatten zu meiner Zeit weiß Gott auch unsere Immobilienaffären – ich sage nur Fibag – aber wir haben dabei immer noch Wohnungen gebaut und nicht den Heuschrecken zum Fraß vorgeworfen.

den Sand gesetzt hat. Und zwar auf massives Drängen von Faltlhauser und Stoiber hin.
Stoiber und Söder, das sind mir die zwei Richtigen! Wahrscheinlich glaubt der Söder jetzt, er braucht nur das letzte bayerische Tafelsilber zu verschleudern, dann wird er irgendwann einmal Ministerpräsident. Nach dem Motto: Jetzt ist nix mehr zum Kaputtmachen da, jetzt kann uns sogar der Söder regieren.* Ist eh schon wurscht.

20.4.2013: Das Magazin »Focus« meldet, dass Uli Hoeneß sich wegen Steuerhinterziehung selbst angezeigt hat.

20. April 2013
Bier predigen und Champagner trinken

Sieh mal an, der Hoeneß. Erst fordert er überall großspurig Steuerehrlichkeit ein, jetzt hat er selber Steuern hinterzogen. Aber was die Zeitungen schreiben, ist lächerlich: Der Hoeneß habe Wasser gepredigt und Wein getrunken wie seinerzeit der Strauß. Das trifft schon mal so nicht zu: Ich habe Bier gepredigt und Champagner getrunken, da ist ja wohl noch ein leichter Unterschied.
Ich weiß ja, dass der Hoeneß ein netter Mensch ist. Jeder, der mit Spendengeld um sich wirft wie der billige Jakob auf der Auer Dult mit den Wäscheklammern, ist beliebt. Der gute Mensch vom Tegernsee. Der Freund und Helfer der kleinen, armen Fußballvereine. St. Pauli hat er gerettet, heißt es, sogar den Lokalrivalen 1860 hat er angeblich gerettet.

* Das hat Honecker auch probiert, meint er und rät ab: »Nichts ist schwieriger, als ein kaputtes Land zu regieren.«

Seit ich hier oben etwas mehr Zeit habe, schau ich mir hin und wieder einmal ein Sechziger-Spiel an. Wie sich das trostlose Häuferl Sechziger-Fans in dieser von Hoeneß dem Verein aufs Auge gedrückten Allianz-Arena verliert, dagegen ist ein VdK-Ausflug eine schrille Disko-Party. Das ist schon traurig, wenn man so was als Heimspiel bezeichnen muss. Also, was heißt da, Hoeneß habe dem TSV 1860 geholfen? Wer solche Freunde hat, braucht keine Feinde mehr.

Und wer ernsthaft glaubt, der adidas-Chef habe dem Uli Hoeneß 20 Millionen geliehen, ohne eine Gegenleistung zu erwarten, der muss sein Hirn schon durch einen rotweißen Fanschal ersetzt haben.

25.4.2013: CSU-Fraktionschef Georg Schmid, genannt »Schüttelschorsch«, tritt im Zuge der »Verwandtenaffäre« im Bayerischen Landtag zurück. Schmid hat seine Ehefrau 23 Jahre lang auf Werkvertragsbasis beschäftigt und ihr zum Schluss bis zu 5500 Euro monatlich bezahlt – ein Gehalt, das etwa doppelt so hoch ist wie das einer durchschnittlichen Sekretärin.

25. April 2013
Familienangelegenheiten

Gut, der »Schüttelschorsch« ist zurückgetreten, aber warum regt sich ausgerechnet die SPD so über ihn auf?

Da schreien die Sozialdemokraten Jahr und Tag nach einem branchenübergreifenden Mindestlohn, und wenn dann mal einer seiner Sekretärin 5500 Euro im Monat zahlt, ist es auch wieder nicht recht. Zumal der Schüttelschorsch dadurch, dass er seine Frau auf Honorarbasis angestellt hat, sogar noch einem Ur-SPD-Modell zu neuer Blüte verholfen hat: der Ich-AG. Auch er selbst pflegt dieses Modell in modifizierter Form: Er ist eine Ich-hab-mir-nix-vorzuwerfen-AG.

Interessant ist ja auch, was diese sogenannte Affäre inzwischen für Namen gekriegt hat: Familienaffäre, Verwandtenaffäre, Gehälteraffäre, Parlamentsaffäre, neue Amigo-Affäre. Also bitte schön, da muss man die Kirche schon im Dorf lassen: Das, was der Schüttelschorsch da abgezogen hat, ist doch keine Amigo-Affäre, das ist höchstens eine Mausi-Affäre!

Und eines muss man auch einmal sagen: Wenn ich davon ausgehe, dass dieser Schüttelschorsch seine Frau 23 Jahre lang für 5500 Euro im Monat beschäftigt hat, dann sind das in Summe knapp 1,5 Millionen. Das ist doch ein Betrag, den der Hoeneß in seinen besten Zeiten an einem verregneten Nachmittag in der Schweiz verzockt hat.

2.5.2013: Uli Hoeneß gibt der »Zeit« ein ausführliches Interview mit dem Titel »Ich gehöre nicht mehr dazu«.

2. Mai 2013
Schwitzen für den Staatsanwalt

Was für eine peinliche Beichte! Er fühlt sich auf die andere Seite der Gesellschaft katapultiert.

Er gehört nicht mehr dazu, jammert er, der Hoeneß. Seit der Staatsanwalt da war, schwitzt er in der Nacht. Zu meiner Zeit hat man noch gefragt: Schwitz ich, weil ich sauf, oder sauf ich, weil ich schwitz? Wenn bei mir jedes Mal, wenn ich geschwitzt hab, der Staatsanwalt vor der Tür gestanden hätte, dann hätt ich ihn gleich zur Untermiete bei mir aufnehmen können.

Und diesen ganzen weinerlichen Sermon darf der Hoeneß in der Helmut-Schmidt-Postille »Die Zeit« absondern, diesem Hamburger Kettenraucher-Blatt, das ihm gleich vier ganze Seiten einräumt, auf denen er sich ausbreiten kann!

Wenn das Schule macht, dass jeder Steuerhinterzieher jetzt seitenweise seine handgeschnitzten Moralvorstellungen in der »Zeit« ausbreiten darf, dann wird dieses Blatt bald in mehreren Büchern erscheinen müssen, von *Genesis des Zockers* bis *Offenbarung des Uli H.*

Was haben s' alle rumgetönt, bevor diese Steuerhinterziehung aufgeflogen ist: »Der Uli Hoeneß ist ein Homo politicus«, hat es da geheißen. Was vielen Politikern abgeht, das kann Hoeneß. Die Bundesrepublik müsste geführt werden wie der FC Bayern, dann wären wir schon längst heraußen aus der Krise.

Aber ein Land kann man halt nicht führen wie einen Fußballverein, der sich saniert über den Verkauf von überteuerten Trikots und Fanschals, die in Südostasien zu Hungerlöhnen hergestellt werden. Er hat Großes geleistet, der

Uli Hoeneß, heißt es. Ja sicher. Natürlich hat er Großes geleistet. Aber halt für seine eigenen Firmen. Eine für Bratwürste und eine für Fußballhanswursten. Das wird man von einem Unternehmer ja wohl erwarten können, ohne dass man sich vor ihm in den Staub werfen muss!

6.5.2013: Vor dem Oberlandesgericht München beginnt der Prozess gegen die rechte Terrorgruppe Nationalsozialistischer Untergrund (NSU). Der Prozessbeginn musste um mehrere Wochen verschoben werden, weil die Vergabe der Presseplätze nach dem »Windhundprinzip« vom Bundesverfassungsgericht gerügt worden war. Das Gericht entschied sich daraufhin, die Plätze für Journalisten im Losverfahren neu zu vergeben, was zu zum Teil seltsamen Ergebnissen führte.

6. Mai 2013
Hallo NSU-Prozess

So, jetzt haben sie es am Oberlandesgericht München zur Abwechslung mal mit Glücksspiel probiert, nachdem sie sich erst mit dem Windhundprinzip grob verrannt haben.* Und deshalb sind bei diesem NSU-Prozess jetzt so schonungslose Investigationsmedien mit von der Partie wie »hallo-muenchen.de«** und die »Brigitte«, während »Zeit« und »Süddeutsche« leer ausgegangen sind.

* Wenn sich die mit der Platzvergabe schon so schwertun, dann darf man ja gespannt sein, was während des Prozesses alles schieflaufen wird, zumal ja die bayerischen Ermittlungsbehörden NSU offenbar bis vor kurzem noch für ein Motorrad gehalten haben.

** »hallo-muenchen.de« hatte heute die brandaktuelle Schlagzeile: »Planegg ist einfach dufte!«. Vielleicht sollte man dann den NSU- Prozess dorthin

Darum tritt diese Zschäpe wahrscheinlich auch jeden Tag mit neuen Klamotten vor den Richter. Weil sie den Gerichtssaal mit dem Laufsteg verwechselt.
Klar, wenn »Brigitte« im Publikum sitzt. Anscheinend hofft sie auf eine Modestrecke: »Großer Auftritt im Gerichtssaal – Frühjahrslook für Angeklagte« und eine Diätserie mit dem Titel: »Schlank bleiben trotz Gefängnisküche«.
So gesehen, muss man froh sein, dass der »Playboy« keinen Platz gekriegt hat.

14.5.2013: Die CSU holt sich in der Familienaffäre Unterstützung von Theo Waigel: Der frühere Bundesfinanzminister soll einen Ehrenkodex für Abgeordnete ausarbeiten.

14. Mai 2013
Moses Waigel

Jetzt treibt diese Familienaffäre sonderbare Blüten – auf einmal schreien alle nach einem Ehrenkodex für die CSU. Einem Ehrenkodex!
Und von wem soll dieser ominöse Ehrenkodex kommen? Ausgerechnet vom Theo Waigel, der Deutschland diese Missgeburt Euro beschert hat. Da hätte er sich lieber einen eigenen Ehrenkodex aufstellen sollen, der Waigel, als er noch Bundesfinanzminister war. Regel Nummer eins: Du

verlegen, in die Wirtschaft »Heide-Volm« zum Beispiel. Da brauchen s' auch kein Oberlandesgericht, weil die haben ein ständig wechselndes Tagesgericht. Und bei dem Feingefühl, das die Münchner Justiz bewiesen hat, gäbe es für die türkische Presse wahrscheinlich eine Schweinshaxe.

sollst nicht Volkswirtschaften zusammenschmeißen, die nicht zusammenpassen.

Und jetzt soll dieser Augenbrauen-Moses aus dem schwäbischen Binsenkörbchen der CSU ihr neue Zehn Gebote diktieren. Da möcht ich ja gar nicht wissen, was dabei rauskommt.

Wenn sie in der CSU schon einen Ehrenkodex brauchen, dann sollten sie doch lieber mich fragen. Ich tät ihnen schon einen aufstellen, den posthumen Ehrenkodex des Franz Josef Strauß:

1. Eine Hand wäscht die andere.
2. Wer das bezweifelt, ist ein einarmiger Bandit.
3. Eigentum verpflichtet ... zu noch mehr Eigentum.
4. Wenn man schon seine eigenen Kinder beschäftigt, dann wenigstens als Fernsehmacher oder First Lady.
5. Wenn statt dem Landtag die linken Kampfredaktionen von »Spiegel« und »Stern« regieren, wird auch nichts besser.

30.5.2013: Bundesverteidigungsminister Thomas de Maizière unterrichtet die Öffentlichkeit über das Scheitern des milliardenschweren Rüstungsprojekts »Eurohawk«.

30. Mai 2013
Die Drohne Ramsauer

Eigentlich kann einem dieser Verteidigungsminister de Maizière richtig leidtun. Aber nicht deswegen, weil sie ihn in der Presse jetzt »Thomas die Misere« nennen. Dagegen kann man als Verteidigungsminister was tun, da braucht er's doch bloß so machen wie ich damals mit dem »Spiegel«: einfach ein paar Chefredaktionen verhaften lassen, und schon ist Ruhe.

Nein, die Misere bei diesem de Maizière liegt doch ganz woanders: Da jongliert der Mann mit Projekten rum, die

Hier sieht man mich mit der Drohne des 20. Jahrhunderts – dem Starfighter (kleines Modell im Hintergrund). Die Zahl über meinem Kopf zeigt die aktuelle Zahl der bisher abgestürzten Maschinen.

den Staat Hunderte von Millionen kosten, und ist offenbar zu blöd dazu, für sich selbst was abzuzweigen von dem Geld.
Und überhaupt muss man bei aller Aufregung über diese Drohnen doch die Kirche im Dorf lassen. Da geht's um VIER unbemannte Flugkörper. Des ist ja lächerlich. Nehmen S' nur einmal den Starfighter, den ICH seinerzeit als Bundesverteidigungsminister angeschafft habe. Von dem sind fast 300 Flugzeuge abgestürzt. Für so eine Bilanz haben s' im Zweiten Weltkrieg noch eine mehrwöchige Luftschlacht gebraucht, wir haben das ohne eine einzige Feindberührung hingekriegt.
Wenn wir beim Starfighter gefragt hätten, welche Gefahr er für die allgemeine Luftfahrt darstellt, dann wäre der schon am Reißbrett verschrottet worden.
Da heißt's immer: Der Eurohawk sei deswegen so teuer, weil die Erprobung so viel kostet. Weil man in Deutschland keine Erfahrungen mit so was hat. So ein Unsinn. Von wegen keine Erfahrungen. Um zu wissen, was passiert, wenn wer im Blindflug von einer Kollision in die nächste rumpelt, braucht man sich doch nur den Per Steinbrück und den Peter Ramsauer anschauen.

4.6.2013: Horst Seehofer und Angela Merkel besuchen gemeinsam die vom Hochwasser stark betroffene Stadt Passau.

4. Juni 2013
Politik in Gummistiefeln

Man braucht ja nur das Wort »Hochwasser« zu sagen, und schon schmeißen sich sämtliche Politiker in ihre Gummistiefel und fallen wie die Heuschrecken über die Katastrophengebiete her, vom Seehofer bis hin zum Aiwanger, der noch vor der Flutwelle durch Passau gerauscht ist. Und der Joachim Herrmann ist sogar in Gummistiefeln in der Staatskanzlei rumgerannt. Alles nach dem Motto: Wenn's Wasser steigt, steigen auch die Umfrageergebnisse.

Nur der Ude hat das als Einziger nicht kapiert. »Von mir gibt's keine Fotos in Gummistiefeln«, hat er gesagt. Selber schuld, wenn er nicht gewählt wird. Wenn er schon nicht beim allgemeinen Hochwassertourismus im Ostfriesennerz mitmachen will, der Ude, dann sollte er wenigstens auf dem Kleinhesseloher See in München herumpaddeln – am besten in einem knallroten Gummiboot.

Und über all dem schwebt die Angela Merkel im Hubschrauber und redet gscheit daher. »Das ist kein Jahrhundertereignis, sondern ein exorbitantes.« Was soll jetzt das heißen? Die ist wohl von der Presse schon so lange beweihräuchert worden, dass sie sich selber für den Engel der Verkündigung hält? »Ich bringe schnelle und unbürokratische Hilfe«, und dafür wählt's mich im September bitt schön wieder so wie den Schröder vor elf Jahren, als den die Oderflut am Stoiber vorbei noch mal ins Kanzleramt gespült hat.

Anstatt im Hubschrauber rumzufliegen, soll die lieber mal

den Versicherungskonzernen aufs Dach steigen, die ausgerechnet die Leute im Hochwassergebiet keine Versicherungen gegens Hochwasser abschließen lassen. Ja, wo denn sonst? Auf der Zugspitze braucht keiner eine Hochwasserversicherung!

11.6.2013: Zweieinhalb Stunden lang spricht Gustl Mollath vor dem Untersuchungsausschuss des Landtags, der klären soll, ob er zu Unrecht seit sieben Jahren in der Psychiatrie eingesperrt ist.

11. Juni 2013
Mollath im Landtag

Jetzt haben die im Landtag unisono festgestellt, dass dieser Gustl Mollath eigentlich ganz normal ist.
Gut, das muss jetzt per se nichts heißen: Bis die im Landtag merken, dass bei einem was nicht stimmt, muss der sich schon aufführen wie der Schüttelschorsch, aber trotzdem: Der wahre Skandal im Fall Mollath ist doch der, dass in Bayern jemand weggesperrt wird, weil er behauptet hat, dass es Schwarzgeld gibt. Zu meiner Zeit wäre man noch für verrückt erklärt worden, wenn man behauptet hätte, dass es in Bayern KEIN Schwarzgeld gibt.
Natürlich gibt's Schwarzgeld, das weiß ich doch selber am besten!
Jetzt sagen manche, dass sie den Mollath deswegen nicht rauslassen, weil einer in der Regierung, oder keine Ahnung wo, vielleicht gedeckt werden muss. Aber Entschuldigung, welcher Steuerhinterzieher in der Profiliga wickelt denn seine Schwarzgeldgeschäfte ausgerechnet über die Hypo-Vereinsbank ab?

Zu meiner Zeit hat man in Irrenhäusern noch keine Modellautos, sondern Modellpanzer bauen lassen. Hier sieht man mich zusammen mit Konrad Adenauer vor einem Modell eines Schützenpanzers HS 30. Der Vorteil eines Panzers ist, dass man an ihm keine Reifen zerstechen kann.

Das ist wurscht, sagt die Beate Merk, dieser tiefgekühlte Blondinenwitz im Justizministerium, der Mollath bleibt eingesperrt, weil er eine Gefahr für die Allgemeinheit ist. Der soll schließlich Autoreifen zerstochen haben.

Aber was ist denn das für eine Argumentation? Ich kann doch einen, der angeblich Autoreifen zersticht, nicht in eine bayerische Psychiatrie einweisen. Das weiß doch jeder, dass die Insassen solcher Anstalten für den Mann von der Haderthauer Modellautos gebaut haben.

Was soll denn einer sagen, der mit einem Modellautokauf beim Haderthauer sein Schwarzgeld waschen will und dann feststellt, dass an dem sündteuren Modell sämtliche Reifen zerstochen sind?

Da hat er kein Geld gewaschen, sondern Geld verbrannt. Dann hätt er's ja gleich ans Finanzamt überweisen können. Solche Geschäftsmodelle wären zu meiner Zeit in Bayern völlig unvorstellbar gewesen.

19.6.2013: Der amerikanische Präsident Obama besucht zum ersten Mal, seit er im Amt ist, Berlin.

19. Juni 2013
Der heiße Stuhl

Präsident Obama in Berlin: Jetzt möchte man meinen, dass es in einer europäischen Metropole mittlerweile ein ganz alltäglicher Anblick ist, wenn ein Afroamerikaner mit seiner Frau und zwei schulschwänzenden Töchtern auf Shoppingtour geht, aber weit gefehlt!

Was die da in Berlin für ein Bohei um die Sicherheitsvorkehrungen für diesen Obama-Besuch gemacht haben, da ist die Münchner Sicherheitskonferenz eine offene Veranstaltung dagegen.

Ich habe selbst ja weiß Gott viele Staatsbesuche absolviert, in Gabun, Togo, Simbabwe, aber da haben s' den Leuten nicht tagelang ihre Balkone zugesperrt und sie nicht mehr raus auf die Straße gelassen.

Wenn ich vor einer Bevölkerung so eine Angst habe, dass ich mich mit einer riesigen Scheibe aus fast schon atombombensicherem Panzerglas von ihr abschotten muss, wie da in Berlin vor dem Brandenburger Tor, dann fahr ich doch schon gar nicht hin! Ich lass mich doch nicht wie der Obama in ein auf vierzig Grad aufgeheiztes Politikerterrarium sperren, zusammen mit Wowereit als dauergrinsendem Leguan und der Merkel als apricotfarben eingekleideter Schnappschildkröte. Und das vor 4000 handverlesenen Klatschmaschinen, denen sie unter strengsten Sicherheitsvorkehrungen drei Stunden lang bei glühender Hitze nix zu trinken gegeben haben, wahrscheinlich, damit bei denen so eine Art Guantánamo-Feeling aufkommt.

Und dann hat die Merkel auch noch verkündet, sie sei so stolz drauf, dass sie mit dem amerikanischen Präsidenten

per Du ist – ja, wie soll das denn gehen, mit jemand per Du sein auf Englisch?
Man muss schon sagen, die Veranstalter da in Berlin haben in ihrer preußischen Gründlichkeit wirklich an alles gedacht, an Absperrungen, Scharfschützen, Leibesvisitationen, nur daran nicht, dass sie ausgerechnet schwarze Ledersessel in den Politikerkäfig gestellt haben. Schwarze Ledersessel in der prallen Sonne! Da werden sie sich sauber den Hintern verbrannt haben, und nur der Wowereit hat seine Freude dran gehabt.

Gut, das ist Roberto Blanco und nicht der amerikanische Präsident, aber dieses Bild beweist, dass auch ICH mit schwarzen Würdenträgern auf Du und Du war.

5.7.2013: Edward Snowden, der durch seine Enthüllungen die Prism-Abhöraffäre ins Rollen gebracht hat, sucht überall auf der Welt Asyl. Bisher hat kein Land ihm welches gewährt, so dass der Whistleblower sich noch immer im Transitbereich des Moskauer Flughafens aufhalten muss.

5. Juli 2013
Asylant Snowden

Langsam fragt man sich schon, was wird eigentlich aus diesem Edward Snowden? Sollte man ihm nicht in Bayern Asyl gewähren? Gut, das war jetzt nur so eine Idee, zu uns käme der sowieso nicht, da müsste er ja als Asylbewerber in einer Massenunterkunft hausen und sich von Essenspaketen mit Gammelfleisch ernähren. Da bleibt er lieber auf dem Moskauer Flughafen. Dort kann er seinen Magen wenigstens mit Wodka desinfizieren.
Aber andererseits haben wir in Bayern ja viel Erfahrung, wie man mit solchen Whistleblowern umgeht.
Zum Beispiel mit dem Gustl Mollath. Oder der Gabriele Pauli, die damals vom Stoiber bespitzelt worden ist. Durch die hat die CSU auf ihrem Parteitag so lang hindurchgeschaut, bis sie sich in Lack und Leder fotografieren hat lassen und dann auf dem Umweg über die Freien Wähler in ein Paralleluniversum abgewandert ist.
Oder meinem besonderen Freund, dem Wilhelm Schlötterer, dem Whistleblower aus dem Finanzministerium. So einen sperr ich doch nicht wochenlang auf einem internationalen Airport ein. Das wär ja geschäftsschädigend. Was sollen denn die Fluggäste am Münchner Franz-Josef-Strauß-Flughafen sagen, wenn denen im Transitbereich ständig der Schlötterer über den Weg läuft und sie mit wirren Enthüllungen zum System Strauß belästigt?

Dass diese Prism-Affäre eigentlich ein alter Hut ist, zeigt dieses Foto aus den siebziger Jahren. Hier höre ich mit modernster Technik den amerikanischen Präsidenten Nixon ab, der gerade vom Weißen Haus aus einen China-Heimservice anruft und sich eine 21, eine 466 mit scharf und eine Extraportion Reis bestellt.

Einen wie ihn lässt man ein, zwei Bücher schreiben, überzieht ihn mit Prozessen und macht dann weiter wie vorher. Wo ist denn da das Problem?
Da jagen s' jetzt diesen Snowden um die ganze Welt und zwingen sogar die bolivianische Präsidentenmaschine zur

Landung, bloß weil er sich drin verstecken könnte. Allein das zeigt ja schon, wie verkommen diese Welt geworden ist, seit ich nicht mehr dort bin. Als ich 1987 die bayerische Präsidentenmaschine eigenhändig nach Moskau gesteuert habe, da hat es keiner gewagt, mich zur Landung zu zwingen. Und dabei hatte ich nicht irgendeinen eingeschüchterten Whistleblower an Bord, sondern den Waigel und den Tandler. Gegen deren geballtes Insiderwissen in dubiosen Geschäften ist das, was der Edward Snowden ausplaudern könnte, eine Geschichte aus einem amerikanischen Kindergarten.

23.7.2013: Recep Tayyip Erdoğan, der türkische Ministerpräsident, sagt bei einem Fastenbrechen in Ankara, die Demonstranten in der Türkei seien »erbärmliche Nagetiere, die versuchen, Löcher in das Schiff zu nagen, das 76 Millionen Türken trägt«.

23. Juli 2013
Scharfe Zähne

Politische Gegner mit Ungeziefer zu vergleichen* – der Schuss kann nach hinten losgehen.

* siehe meinen Eintrag vom 14. April 1994.

23.7.2013: Prince William, englischer Thronfolger in zweiter Reihe, und seine Frau Kate geben bekannt, dass ihr vor zwei Tagen geborener Sohn »George Alexander Louis« heißen wird. Zuvor hatten heftige Spekulationen um den Namen des ersten Enkels von Prince Charles zu einem Run auf die englischen Wettbüros geführt.

23. Juli 2013
Namenstag Royal

»Und ein Kind ward ihnen geboren, und das Land stand kopf.«

So könnte die Geschichte beginnen, die sich diese Woche in England ereignet hat.

Ja, können diese Royals denn für keine anderen Schlagzeilen mehr sorgen, als dass ein Nachwuchsmonarchenpaar zwei Jahre nach seiner Hochzeit tatsächlich ein Baby kriegt? Armes England, wenn man DAS zu einem derartigen Jahrhundertereignis hochstilisieren muss!

Wenn die Queen noch einmal schwanger wäre oder der Papst ein Enkerl bekäme, das wäre eine Sensation, da würde ich die Schlagzeilen der Gazetten verstehen, aber doch nicht, wenn eine 31-Jährige ihr ERSTES Kind kriegt.

Am Ende tut es diese Kate ihrer Ururgroßschwiegeroma Königin Viktoria gleich und setzt neun Kinder in die Welt – da können wir uns dann auf was gefasst machen!

Und dann dieser Rummel um den Namen. Ja, wie heißt denn der kleine Prinz?

Wettbüros haben Hitlisten aufgestellt: James? Francis? Albert? Nein. Er kriegt den alten englischen Königsnamen George. Was für eine Überraschung! In welcher Tradition steht er denn da?

George I. konnte kein Englisch, der IV. war Hypochonder, und der VI. war Stotterer. Wenn das mal gutgeht!

In Bayern hat man sich's da zu meiner Zeit einfacher gemacht und gesagt: Wer am rechten Stammtisch sauft, wird auf den Namen Franz getauft.
Andererseits ist es schon erstaunlich, dass ein einziges Baby ausreicht, damit eine Nation kopfsteht und alle anderen Themen vergessen scheinen.
Unter diesem Aspekt sollte es sich der Seehofer vielleicht überlegen, ob er noch mal ein Kind in die Welt setzt, dann wären Familien-, Modellauto- und Mollath-Affäre ganz schnell und komplett vergessen und einer absoluten Mehrheit bei der Landtagswahl am 15. September stünde nichts mehr im Wege.

1.8.2013: Die bayerische SPD hat im Rahmen ihrer »SPD-Bergauftour« den Berliner Regierenden Bürgermeister Klaus Wowereit zu einer eineinhalbstündigen Wanderung auf den Kranzberg bei Mittenwald eingeladen. Auf mitunter steilen Wegen überwindet der Berliner zusammen mit den bayerischen SPD-Politikern Florian Pronold und Markus Rinderspacher gute 400 Höhenmeter und kommt dabei ziemlich ins Schwitzen.

1. August 2013
Klaus will hoch hinaus

SPD-Bergauf-Tour«, dass ich nicht lache!
Das ist schon ein Musterbeispiel für semantisches Kunstspringen, die Wörter »SPD« und »bergauf« in einem Atemzug zu nennen. Wenn diese Tour am Wahltag mal kein Absturz aus der steilen Wand wird!
Und überhaupt, was soll denn das, diesen Wowereit vierhundert Höhenmeter den Berg raufzujagen?

Bevor der mit Polit-Murmeltieren wie dem Pronold und dem Rinderspacher unsere bayerischen Berge unsicher macht, soll er sich lieber drum kümmern, dass die Flugzeuge an seinem Pannen-Airport »Willy Brandt« irgendwann mal wenigstens einen Höhenmeter gewinnen!

1.8.2013: Silvio Berlusconi wird vom Kassationsgericht in Rom wegen Steuerbetrugs zu vier Jahren Haft verurteilt.

2. August 2013
Schäm dich, Cavaliere

Sieh mal einer an, da ist gestern dieses dauergrinsende Italo-Stehaufmännchen ja doch noch rechtskräftig verurteilt worden. Also das ist schon bitter! Wenn das, was dieser Berlusconi in seinem Leben alles verbrochen hat, einem hohen Gericht lediglich vier Jahre Knast wert ist, dann muss er das am Ende seines politischen Lebens definitiv als Niederlage, ja fast schon als Demütigung werten! Und weil er selber 2006 ein Gesetz erlassen hat, das ihm aus Altersgründen drei Jahre der Strafe erlässt, muss er den Rest am Ende sogar noch in Sozialstunden ableisten – als Klinkenputzer bei der Mafia vielleicht oder in einem Heim für gefallene minderjährige Mädchen, der transalpine Botoxcasanova.

3.8.2013: Aus einer Studie der Humboldt-Universität Berlin geht hervor, dass in der Bundesrepublik Deutschland spätestens seit Beginn der 70er Jahre durch das Bundesinstitut für Sportwissenschaft (BISp) in zahlreichen Sportarten systematisch und organisiert gedopt wurde. Finanziert durch Steuermittel, wurden an Sportlern Versuche mit leistungsfördernden Substanzen wie Anabolika, Testosteron, Östrogen oder dem Blutdopingmittel Epo durchgeführt.

3. August 2013
Der kalte Krieg
auf der Aschenbahn

Ja mei, jetzt ist es halt rausgekommen. Gut, in den 70er Jahren ist auch in der Bundesrepublik systematisch gedopt worden. Was hätten wir denn machen sollen? Die DDR den kalten Krieg auf der Aschenbahn gewinnen lassen oder was?

Jetzt regen sich alle fürchterlich drüber auf, dass an deutschen Sportlern systematisch Dopingversuche unternommen wurden. Ja, an wem hätten wir die Versuche denn sonst machen sollen? Bei echten Versuchskaninchen hätten wir doch sofort die Tierschützer am Hals gehabt!

Und jetzt sagen sie alle: Ja, in der Leichtathletik vielleicht, aber doch nicht im Fußball. Nicht bei den großen deutschen WM-Erfolgen! Ja, natürlich auch beim Fußball! Ich hab mich ja eh immer gewundert, wie elf Kasperlköpfe, die ständig im Abseits stehen, auf legale Weise auch nur einen Blumentopf gewinnen konnten.

Und außerdem gibt es Doping ja nicht nur im Sport! Wir haben auch in der Politik kräftig gedopt, allerdings nicht mit verbotenen Substanzen.

Ich denke da an meine politischen Weißweinabende im

Hofbräuzelt auf der Wiesn* oder die legendären Nachtsitzungen im Bierstüberl von Wildbad Kreuth, auf denen ich epochemachende Entscheidungen gefällt habe. Gut, manche von ihnen habe ich am nächsten Tag wieder zurücknehmen müssen, aber ohne Doping hätte ich doch diese Belastung niemals ausgehalten.
Oder nehmen Sie den Stoiber bei seiner berühmten Transrapidrede. Ohne Doping bringt man so einen Blödsinn ja überhaupt nicht raus. Gut, bei dem war es jetzt nichts Alkoholisches, und so blutleer, wie der daherkommt, auch keine Eigenblutspritze. Bei dem hat's schon gereicht, wenn er einen Tetrapack laktosefreien Ginkgosaft getrunken und vorher noch intensiv an einem Aktendeckel geschnüffelt hat – schließlich soll es ja laut dieser Studie 516 verschiedene Dopingsubstanzen geben.

8.8.2013: In Österreich werden erstmals seit Beginn der Wetteraufzeichnungen Temperaturen über 40 Grad gemessen.

8. August 2013
Von wegen felix Austria

Das ist ja wohl ein meteorologischer Österreicher-Witz. 40 Grad im August! Felix Austria! Solche »Rekorde« haben wir in Bayern schon 1983 geschafft. Gut, da habe allerdings auch ICH noch regiert. Über fünfzig Prozent bei den Wahlen und über vierzig Grad im Schatten. Zu dieser Zeit waren unter dem weißblauen Himmel Höchstleistungen eben noch an der Tagesordnung.

* siehe meinen Eintrag vom 18. September 2010

16.8.2013: Das Kreisverwaltungsreferat München hat für die bayerische Landtagswahl am 15. September 4000 neue Wahlurnen angeschafft, die wie gelbe Mülltonnen mit abschließbarem Deckel aussehen.

16. August 2013
Für die Tonne

Dass dieser schnurrbarttragende Heißluftballon Ude nie wirklich Bayerischer Ministerpräsident werden wollte, war mir ja von Anfang an klar, aber dass die in München jetzt schon neue Wahlurnen in Form von Mülltonnen anschaffen, lässt tief blicken. Wahrscheinlich ahnt der Ude schon, dass am Wahlabend ein Ergebnis auf ihn zukommt, das er direkt in die Tonne treten kann.

11.09.2013: Mit einer über 400 Kilometer langen Menschenkette demonstrieren Hunderttausende von Katalanen entlang der Mittelmeerküste der nordostspanischen Region für deren Unabhängigkeit von Madrid.

11. September 2013
Die Ein-Mann-Menschenkette

In Bayern wäre diese Menschenkette bedeutend kürzer: Da würde nur der Wilfried Scharnagl stehen, mit seinem Buch »Bayern kann es auch allein«* in der Hand.

* siehe meinen Eintrag vom 30. August 2012

12.09.2013: Das große Interesse an der Briefwahl überrascht die bayerischen Wahlämter. In großen Städten, wo bis zu einem Drittel der Wähler Briefwahl beantragen, hat die Verwaltung Mühe, die Unterlagen rechtzeitig zu versenden.

12. September 2013
Betreutes Wählen

Jetzt haben wir es schwarz auf weiß – in großen bayerischen Städten hat ein Drittel der Wahlberechtigten Briefwahl beantragt. Das heißt: Noch bevor das erste Wahllokal öffnet, gibt es schon eine Wahlbeteiligung von über 30 Prozent. Aber anstatt dass man sich darüber freut, gellt ein Aufschrei durch die Wahlämter: »Hilfe, wir ersticken in der Antragsflut.«

Ja, wenn diese Schlafmützen nicht in der Lage sind, die Demokratie ordnungsgemäß durchzuführen, dann sollen sie den Laden halt zusperren.

Die müssten doch eigentlich heilfroh sein, dass die Leute Briefwahl machen. Sonst kommen sie am Ende wirklich noch selber an die Urnen, malen anstatt Kreuzerln irgendwelche Graffiti an die Wahlkabinen, schmeißen die Stimmzettel als Papierflieger durchs Wahllokal und verkünden lauthals: Nach diesem stinklangweiligen Wahlkampf möchte ich wenigstens im Wahllokal meine Gaudi haben.

Da ist es doch besser, dass sie sich daheim mit der Familie einen schönen Abend machen und sich bei einer guten Flasche Wein gegenseitig die Stimmzettel ankreuzen – der Vater der Mutter, die Mutter den volljährigen Kindern, und bei der Oma helfen sie alle zusammen – das nennt man dann »betreutes Wählen«.

15.09.2013: Die CSU erringt bei der bayerischen Landtagswahl mit nur 47,7 Prozent der Stimmen die absolute Mehrheit. Die SPD kommt auf magere 20,8 Prozent, die Freien Wähler auf 9,0, die Grünen auf 8,6 Prozent. Die FDP, der bisherige Koalitionspartner der CSU, scheitert mit 3,3 Prozent an der 5-Prozent-Hürde.

15. September 2013
Costa CSU

Ich gieße ja nur ungern Wasser in den Wein von Seehofers Wahltriumph, aber was ist denn das für eine absolute Mehrheit, die er da heute eingefahren hat?

Siebenundvierzig Komma sieben Prozent! Bei so einem Ergebnis hätte ich mich ja am Wahlabend in der Besenkammer eingeschlossen und wäre bis vier Uhr früh nicht wieder herausgekommen, und er lässt sich von seinen Claqueuren auf der Wahlparty feiern, als wäre er Franz-Josef der Zweite von Bayern!

Diese Klatschmaschinen in Dirndlgwand und Maßanzug sollten sich lieber mal fragen, womit ihr König Horst sich diesen Wahlerfolg erkauft hat: mit der hirnrissigen Forderung nach einer Autobahnmaut für Ausländer! Für diese vom Hochwasser überschwemmten, von Baustellen lahmgelegten oder von Blow-ups aufgesprengten Katastrophenpisten will der auch noch Geld verlangen! Da muss er aber verdammt aufpassen, dass ihn die Ausländer nicht regresspflichtig machen.

Aber damit nicht genug. Dieser Seehofer ist doch inzwischen ein Vollsortimenter in Sachen politischer Standpunkte. Bei dem bekommt man jede Meinung. Für seinen Wahlerfolg hat er den Markenkern der CSU auf dem Jahrmarkt der Eitelkeiten verschleudert. Man muss sich seine Parolen doch nur einmal anschauen: Gegen die Wehrpflicht! Gegen Atomkraft! Gegen den Donauausbau! Mit solchen Parolen hat er im Windschatten der Meinungsumfragen sämtliche Grundsatzpositionen der CSU umsegelt, bis er jetzt im sicheren Hafen der Politfolklore vor Anker gegangen ist*.

Die CSU muss nach diesem Wahlerfolg aufpassen, dass sie nicht zur Costa Concordia der deutschen Politik wird. Vor fünf Jahren von den Jahrhundertkapitänen Huber und Beckstein auf Grund gesetzt, jetzt vom herbeigeeilten Seenotkreuzer Horst Seehofer mit viel heißer Luft wiederaufgerichtet, wird sie am kommenden Sonntag bei der Bundestagswahl ins Trockendock der dritten Regierung Merkel geschleppt, wo sie in den nächsten vier Jahren im Rahmen einer großen Koalition verschrottet wird.

17.09.2013: Nach seinem Wahlsieg am 15. September verbietet Horst Seehofer der CSU, über mögliche Ministerposten und andere Ämter zu spekulieren.

17. September 2013
Chinesisches Hofzeremoniell

So, jetzt haben wir's. Bayern ist wieder eine Monarchie. Der große Triumphator König Horst hat sein erstes Dekret auch schon erlassen: das Spekulationsverbot!

Das hat jetzt nix mit Aktien und der Börse zu tun, das ist ein vom neuen bayerischen Monarchen verordneter Maul-

* Zum Schluss hat er im Wahlkampf nicht einmal mehr Reden gehalten, sondern nur noch Fragen beantwortet und das auch noch als »demütig« bezeichnet. So was ist für mich nicht demütig, das ist debil! Seit wann beantwortet denn die CSU kritische Fragen? Zu meiner Zeit hätte es in der CSU doch niemand gewagt, überhaupt Fragen zu STELLEN!

korb für seine Hofschranzen: Wer in der CSU über Kabinettsposten spekuliert, zieht sich seinen allerhöchsten persönlichen Zorn zu.
Da machen s' jetzt alle Bücklinge vor dem selbsternannten Alleinherrscher und tönen unisono: »Zu Personalien kann ich nix sagen, das entscheidet seine Majestät, der allerdurchlauchtigste Herr Ministerpräsident ganz alleine.«
Mich tät's nicht wundern, wenn der Seehofer demnächst Allüren kriegen würde wie weiland König Ludwig II.
Mit dem Söder Schlitten gefahren ist er ja schon, jetzt muss er nur noch in der Staatskanzlei das chinesische Hofzeremoniell einführen und sich vom Dobrindt als frischgebackenem Hofbaumeister in Ingolstadt ein Schloss Neu-Entenstein hinbauen lassen. Da hält er dann seine Pressekonferenzen in einem zum Bayernkurier-Saal umgetauften SPIEGELsaal ab und führt die Koalitionsverhandlungen mit der Merkel an einem Tischlein-deck-dich, das ihm der Dobrindt eigenhändig raufkurbeln muss.
Gspinnert genug wäre er ja.
Und wer weiß, was ihm nachts in seinem Schloss sonst noch alles einfällt? Kommt nach der Pkw-Maut für Ausländer vielleicht eine Vignette für deutsche Lehnwörter? Wer als Ausländer auf dem Oktoberfest das Wort »Prost« sagt, muss einen Euro zahlen, und der Erlös dafür geht dann in den Horst-Seehofer-Fonds zur Verbreitung des Gedankenguts von Horst Seehofer. Der gibt dann die Horst-Seehofer-Bibel heraus, eine Art bajuwarische Mao-Bibel, ein schwarzes Buch mit zahllosen Kapiteln und auf jeder Seite eine andere Meinung.

20.09.2013: Nachdem die FDP am vergangenen Sonntag aus dem Bayerischen Landtag gewählt wurde, werben führende Liberale vor der Bundestagswahl am 22.9. massiv um Leihstimmen von CDU und CSU.

20. September 2013
Hohler die Glocken nie klingen

Nicht, dass mich das hier oben auch nur im Geringsten berühren würde, aber inzwischen muss man da unten in Deutschland ja den Eindruck bekommen, als würde in zwei Tagen die Welt untergehen. Jedenfalls wenn man dem Rösler und dem Brüderle glaubt.

Die tun ja seit letztem Sonntag so, als hätten sie soeben einen neuen Maya-Kalender entdeckt: Sollte die FDP – in Bayern nennt man sie seit dem letzten Wahlsonntag die außerparlamentarische Opposition – bei der Bundestagswahl wirklich an der Fünf-Prozent-Hürde scheitern, droht zugleich auch der Untergang des gesamten christlichen Abendlands.

So weit ich mich erinnern kann, ist in einer Demokratie die Abwahl einer Partei, die ihre Arbeit nicht gemacht hat, keine Katastrophe und schon gar nicht ein Weltuntergang, sondern ein stinknormaler Vorgang.

Jeder, der auch nur einen Bibliotheksausweis in der Tasche hat, weiß, dass alles Geliehene ein ultimatives Rückgabedatum hat – egal, ob es sich dabei um Grimms Märchen im Taschenbuchformat handelt oder um Leihstimmen von der Union. Wahltag ist Zahltag, das gilt auch nach einem stinklangweiligen Wahlkampf zwischen Kanzlerinnenrauten, Stinkefingern und dreißig Jahre alten Pädophiliedebatten.

Und wenn der Rösler jetzt verkündet, das bayerische Wahlergebnis sei ein »Weckruf für alle Liberalen« gewe-

sen, da kann ich nur sagen: Diese Glocke ist laut, weil sie hohl ist. Glaubt denn der allen Ernstes, den Wählern ausgerechnet die wandelnde Weinprobe Brüderle als Patentrezept gegen alle Probleme des Landes andrehen zu können?
Eine Partei, die in den letzten vier Jahren nicht viel mehr zustande gebracht hat, als die Mehrwertsteuer für Hoteliers zu halbieren, darf sich nicht wundern, wenn am Sonntag von den Wählern dafür gevierteilt wird.

21.09.2013: Der Münchner Oberbürgermeister Christian Ude, dessen Amtszeit 2014 endet, zapft zum letzten Mal im Schottenhamel-Zelt das erste Fass des Münchner Oktoberfests an.

21. September 2013
Dieses war der letzte Streich

So, das war der letzte Streich. Oder der letzte Schlag, besser gesagt, mit dem sich dieser Schlumpfoberbürgermeister das gefühlt hundertste Mal auf der Wiesn als der große Anzapf-Zampano präsentiert hat.
Die erste Mass ist noch nicht einmal ausgetrunken, da fragen sich alle: Ja, was macht der Ude denn bloß, wenn er im Frühjahr in den Ruhestand geht? Was wird dann aus ihm? Da kann ich nur sagen: Macht euch um den Ude mal keine Sorgen. Einem, der so gut Anzapfen kann wie der, stehen drüben in Amerika bei der NSA alle Türen offen!

3. Oktober 2013
Ein Vierteljahrhundert ohne MICH

Kinder, wie die Zeit vergeht. Heute ist es schon ein Vierteljahrhundert her, dass ich hier auf meiner Wolke als bescheidener Himmelsprivatier angefangen habe. Leider ist es im Wesentlichen dabei geblieben – angesichts der verkrusteten Hierarchien hier oben sind die Aufstiegsmöglichkeiten selbst für einen wie mich sehr eingeschränkt – solange man nicht heiliggesprochen ist, kommt man hier keinen Schritt weiter*.

Zum Glück befinden wir uns hier oben in einem Zustand jenseits aller Eitelkeiten, trotzdem muss ich, wenn ich hinab auf mein geliebtes Bayern blicke, auch fünfundzwanzig Jahre nach meinem Weggang immer wieder feststellen, wie sehr ICH dort fehle.

Das wird gerade heute, am dritten Oktober, zum wiederholten Male überdeutlich: In welchem zivilisierten Land der Erde werden am Todestag seines bedeutendsten Politikers Freudenfeste gefeiert und Feuerwerke abgebrannt**? So eine Verlotterung der Sitten hätte es mit MIR nie gegeben!

Angesichts dieser unerfreulichen Tatsache kann ich auch getrost auf die Prädikate verzichten, die man mir zu meinem »Jubiläum« in der Presse angepappt hat:

Den »Parade-Bayern«, haben sie mich genannt, den »Dämon von Kreuth«, den »Alpha-Bullen der deutschen Poli-

* Dass eine Partei wie die CSU einen zu ihrem Schutzheiligen hochstilisiert, ist hier leider ohne jede Relevanz.

** Ich habe ja in diesem Tagebuch bereits hinreichend dokumentiert, wem ich diese Ungeheuerlichkeit verdanke: der Oggersheimer Politstrickjacke Helmut Kohl und ihrer ominösen deutschen Einheit. Der, wenn mir noch mal unter die Augen tritt, dann kann er was erleben!

tik« und sogar einen »Früh-Berlusconi, nicht so reich, aber mindestens so sexy«. Was, bitte schön, soll das heißen: »nicht so reich«?

Aber den Vogel schießt wieder mal der Seehofer ab. Ausgerechnet an meinem 25. Todestag behauptet der doch allen Ernstes, es würde MIR gefallen, wie MEIN Freistaat heute in der Welt dasteht. Ausgerechnet er, der Mister 50 MINUS x. Dabei hat er sich erst kürzlich damit gebrüstet, er habe endlich aufgeräumt mit der bayerischen Spezlwirtschaft – ja weiß denn dieser frischgebackene Westentaschenabsolutist nicht, wie viel Zeit und Arbeit es mich gekostet hat, diese Spezlwirtschaft aufzubauen?

Wenn sich das Bild, das heute von mir verbreitet wird, in den nächsten Jahren nicht grundsätzlich ändert, dann muss ich zu meinem 100. Geburtstag 2015 das Allerschlimmste befürchten.

4.10.2013: Vom Himmel über München schwebt ein einzelnes Blatt Papier herab mit folgendem Inhalt:

4. Oktober 2013
Ein himmlischer Kater

Mein armer Kopf!
Gestern sind Honecker und Wehner noch mit einem Haufen von Gratulanten auf meine Wolke gekommen, um mit einem kleinen Umtrunk meinen 25-jährigen Einstand hier zu feiern. Juhnke und Sinatra haben Musik gemacht, Willy Brandt hat heimlich Zigaretten geraucht, und Leni Riefenstahl hat das Ganze auf Video festgehalten. (Muss unbedingt verhindern, dass sie das auf ihre You-Tube-Seite hochlädt, womöglich noch als »Triumph des Willens Teil zwei«). Als dann auch noch Che Guevara vorbeigeschaut und mit großem Brimborium aus weißem Rum, Rotkäppchensekt und Manna mir zu Ehren einen neuen Cocktail namens »Bavaria libre« kreiert hat, ist es Karol Wojtila auf der Wolke über uns zu bunt geworden. Er hat bei der Obersten Himmelsleitung angerufen und sich wegen nächtlicher Ruhestörung beschwert. Es war zwar noch nicht Sperrstunde, aber weil er unfehlbar ist, konnten sie nichts machen. Ein ziemlich angesäuerter Erzengel Michael hat schließlich die ganze Versammlung mit seinem Flammenschwert von meiner Wolke gejagt.
Jetzt sieht es hier aus, als hätten die apokalyptischen Reiter hier ein Springturnier veranstaltet. Überall leere Flaschen und aufgerissene Manna-Packungen.
Aber am allerschlimmsten ist, dass Che Guevara mit dem Ruf »Viva la revolución« in großer Geste mein Tagebuch von der Wolke geschleudert hat. Kann nur hoffen, dass es nicht in falsche Hände gerät.

Bildnachweis

Seite 6	Picture Alliance / Frank Mächler
Seite 8	Picture Alliance / Wilhelm Bertram
Seite 14	Picture Alliance / Hartmut Reeh
Seite 30	Picture Alliance / dpa
Seite 36	Picture Alliance / dpa
Seite 41	Nachlass Strauß ACSP, Privatalbum
Seite 57	Nachlass Strauß, ACSP, Privatalbum
Seite 60	Picture Alliance / Klaus Heirler
Seite 66	Picture Alliance / dpa
Seite 74	Picture Alliance / dpa
Seite 77	TSV Neubiberg-Ottobrunn
Seite 78	Picture Alliance / dpa
Seite 79	Nachlass Strauß, ACSP, Privatalbum
Seite 80	Nachlass Strauß, ACSP, Privatalbum
Seite 88	Picture Alliance / Istvan Bajzat
Seite 91	Nachlass Strauß, Privatalbum / Bildagentur Hans Kastenhuber
Seite 108	Picture Alliance / Georg Göbel
Seite 109	Hanns-Seidel-Stiftung e. V., ACSP / Eduard Dietl
Seite 118	Picture Alliance / dpa
Seite 130	bpk / Hans Hubmann
Seite 131	Nachlass Strauß, ACSP / Official Photograph The White House
Seite 137	Picture Alliance / Hans Gregor
Seite 140	Picture Alliance / AP Photo / Giulio Broglio
Seite 154	DER SPIEGEL 1 / 1957
Seite 158	Picture Alliance
Seite 158	Picture Alliance
Seite 159	Picture Alliance
Seite 165	Picture Alliance / dpa

Seite 177	Picture Alliance / Günther Fischer
Seite 180	Picture Alliance / dpa
Seite 182	Picture Alliance / dpa
Seite 187	Picture Alliance / Sven Simon
Seite 189	Picture Alliance / Friedemann Vetter
Seite 191	ullstein bild / AP
Seite 194	Picture Alliance / Heinz-Juergen Goettert
Seite 216	Picture Alliance / dpa
Seite 241	Picture Alliance / dpa
Seite 245	Picture Alliance / dpa
Seite 247	Picture Alliance / Karl Schnoerrer
Seite 249	Picture Alliance / dpa

DROEMER